O Islã
em África:
historicidade
e geopolítica

Joelton Carneiro de Lima

O Islã em África: historicidade e geopolítica

Organizador da coleção
Gabriel Fernandes Pimenta

Prefácio
Rodrigo Corrêa Teixeira

Copyright © 2019 by Editora Letramento

Diretor Editorial | **Gustavo Abreu**
Diretor Administrativo | **Júnior Gaudereto**
Diretor Financeiro | **Cláudio Macedo**
Logística | **Vinícius Santiago**
Designer Editorial | **Luís Otávio Ferreira**
Assistente Editorial | **Giulia Staar e Laura Brand**
Revisão | **LiteraturaBr Editorial**
Projeto Gráfico e Diagramação | **Gustavo Zeferino**

Coleção Sul Global

Organizador | **Gabriel Fernandes Pimenta**

Todos os direitos reservados.
Não é permitida a reprodução desta obra sem
aprovação do Grupo Editorial Letramento.

Dados Internacionais de Catalogação na Publicação (CIP) de acordo com ISBD

L732i	Lima, Joelton Carneiro de
	Islã em África: historicidade e geopolítica / Joelton Carneiro de Lima ; organizado por Gabriel Fernandes Pimenta. - Belo Horizonte : Letramento, 2019.
	148 p. : il. ; 14cm x 21cm. – (Sul Global)
	Inclui bibliografia.
	ISBN: 978-85-9530-256-3
	1. Geopolítica. 2. Islã. 3. África. I. Pimenta, Gabriel Fernandes. II. Título. III. Série.
2019-779	CDD 320.12
	CDU 327

Elaborado por Vagner Rodolfo da Silva - CRB-8/9410

Índice para catálogo sistemático:
1. Geopolítica 320.12
2. Geopolítica 327

Belo Horizonte - MG
Rua Magnólia, 1086
Bairro Caiçara
CEP 30770-020
Fone 31 3327-5771
contato@editoraletramento.com.br
editoraletramento.com.br
casadodireito.com

Aos meus pais que deram a base e o impulso para tudo. Ao Luiz Antônio de Souza. À Adriana A. Melo. Ao Rodrigão que suportou de inúmeras formas. ÀThais Mara que doou tempo nosso;)

A Deus (que deixou que eu aprendesse com luta) o maior amigo de todos

AGRADECIMENTOS

A todos que tornaram mais esta epopeia possível.

Foram muitas mãos, muitos mimos e muitos propulsores afagos.

Principalmente: À comunidade do Mato do Tição berço e *lócus* de alegrias e lutas. Aos meus pais, Joel e Fátima, Thais Mara que teve amor e paciência, Rodrigo Teixeira (professor, amigo e irmão mais sábio), ao paciente e culto Gabriel Pimenta que mostrou-se quando necessário um escandinavo navegador do século V, à Adriana Aparecida Melo, ao colégio Riacho da Mata e aos amigos que lá construí, à Pontifícia Universidade Católica de Minas Gerais em especial aos Programas de Pós-Graduação em Relações Internacionais e Geografia Tratamento da Informação Espacial.

Vocês tornaram isso possível!

Lê em nome de teu Senhor que tudo criou;
Criou o homem de um coágulo de sangue.
Lê que teu senhor é generoso,
Que ensinou o uso do cálamo.
Ensinou ao homem o que este não sabia.
Do anjo Jibril (Gabriel) ao Profeta

SUMÁRIO

	PRA COMEÇO DE CONVERSA	**13**
1.	**INTRODUÇÃO**	**23**
	1.1. AS FRONTEIRAS FÍSICAS E DEMAIS LIMITES ESTABELECIDOS	25
2.	**GEOPOLÍTICA DA RELIGIÃO**	**31**
	2.1. A GEOPOLÍTICA	32
	2.1.1. Organização do espaço	34
	2.2. RELIGIÃO E IDENTIDADE	49
3.	**CONTEXTO DA EXPANSÃO ISLÂMICA**	**53**
	A. O ISLÃ GLOBALIZANTE	57
	B. HISTORICIDADE DOS CONTRASTES IDENTITÁRIOS	70
	C. FATORES DE PENETRABILIDADE	80
	i. Penetrabilidade linguística e cultural	81
	ii. Fatores Físicos	85
	iii. O Estado em África	89
	iv. Sedução cultural das elites	92
	v. Expansão pelo Comércio	94
	vi. A Jihad	102

4. CONCLUSÃO — 109

- 4.1. CRESCIMENTO ESPONTÂNEO — 112
- 4.2. FRONTEIRA COMO FATOR DE DETERMINAÇÃO — 113
- 4.3. ESTADOS TAMPÃO OU TERRITÓRIOS TAMPÃO — 115
- 4.4. ARABIZAÇÃO PRÉVIA COMO LASTRO PARA A OCUPAÇÃO — 117
- 4.5. O DETERMINISMO FÍSICO – A FALÁCIA DA "RELIGIÃO DO DESERTO" — 119
- 4.6. O IMPÉRIO MOSSI COMO FATOR DE CONTENÇÃO — 121
- 4.7. O NOVO CONTATO COM OS PORTUGUESES — 125

REFERÊNCIAS BIBLIOGRÁFICAS — 135

PRA COMEÇO DE CONVERSA

No ano de 1835, um grupo considerável de escravos muçulmanos na Bahia amotinou-se com um intuito maior que conseguir a alforria: tomar o controle das terras, dos meios de produção e do território. Mas como muçulmanos africanos vieram parar em senzalas brasileiras? Ou a pergunta mais pertinente, como a religião do profeta alcançou territórios africanos culminando em uma população devota e consciente do levante baiano?

O presente trabalho apresenta uma contribuição original ao problematizar questões complexas, *por que os árabes se dedicaram a tantas conquistas militares?; como se chegou a ter no norte da África uma população muçulmana tão grande?; as transformações que o Islã, na medida que se difundiu pela África, é algoexclusivo da experiência africana? quais seriam as justificativas dos árabes, enquanto muçulmanos, para escravizar a outros muçulmanos?* Este livro nasceu de um longo caminhar.

Apresenta-se um panorama geral da África pré Grandes Navegações, fazendo ênfase à diversidade e à complexidade de suas realidades históricas, políticas, socioculturais, linguística, econômicas e geográficas, com o fim de estabelecer uma ruptura com ideias preconcebidas que apresentam como um continente homogêneo, cheio de exotismo, ahistórico e isolado do contexto político e econômico mundial.

Neste contexto, as práticas culturais e religiosas dos povos africanos, ligados pelos vínculos de interação e solidariedade tradicionais, se caracterizavam pelas crenças ancestrais[1] em divindades que os protegiam. Após a conquista muçulmana do norte da África, a partir do século VII, desenvolveu-se um comércio intracontinental através do Saara e os reinos da África subsaariana.

A história da África é marcada por processos de transformação derivados da busca de domínio das adversidades naturais, de sobrevivência em harmonia com a natureza, de proteção e defesa dos territórios, de expansão dos territórios, de intercâmbios econômicos com o "estranho", entre outros. Para um melhor entendimento destas dinâmicas de transformação, é necessário considerar a forma como se manifesta a presença e o domínio dos muçulmanos em África ao longo dos séculos VII a XIV.

Parte-se da chamada "era islâmica" que se estende do século VII ao XI, durante o qual, sem ter dominado todo o planeta, os árabes muçulmanos tiveram uma influência política, religiosa e cultural sobre o resto do mundo. Sendo a África geograficamente próxima do Oriente Médio – conformado por Iraque, Irã, Síria, Líbano, Israel, Jordânia, Turquia e a Península Arábica – donde se consolidou inicialmente o domínio árabe, a conquista islâmica abraça o continente a partir do Egito: oito anos depois da morte de Maomé, os árabes que ocupavam a Síria passaram ao Egito (em 640).

Os conquistadores muçulmanos eram essencialmente guerreiros nômades, que formavam um exército ao serviço do "império árabe": é um grande Estado que se estende da bacia mediterrânea até ao sudeste asiático. Iniciaram com pequenas incursões a *Ifrikiya* (aproximadamente, corresponderiam ao

---

1   Estas práticas religiosas tradicionais subsistem na África contemporânea tradicional – principalmente nas aldeias. Consiste na crença e adoração de deuses através dos elementos da natureza: os rios, o vento, o mar, os animais e árvores sagradas.

território atual de Tunísia e Argélia Oriental), uma antiga província romana de África, para estabelecer sua ocupação com o fim de vigiar os berberes que consideravam como seus verdadeiros inimigos por seu caráter insubmisso.

Assim mesmo, o governo árabe terminou impondo sua autoridade no Magreb após quatro séculos (647-1060) de violência, violação e assassinatos (até meados do século X); isto foi possível em parte desde que as cidades magrebis, empreenderam a conquista da Espanha. Trata-se de um processo de sujeição religiosa, política e sobretudo econômica das populações por parte dos conquistadores árabes, processo no qual destaca a resistência dos berberes aos quais só puderam submeter em fins do século VII.

Por conseguinte, boa parte dos berberes dominados tiveram que converter-se a religião islâmica com ressentimento antes de voltar-se mais tarde como aliados dos árabes, participando até mesmo em campanhas de propagação e expansão do império muçulmano já que

> No Magreb, os conquistadores árabes enfrentaram a tenaz resistência dos berberes e somente ao final do século VII lograram submeter as principais regiões. A maioria dos berberes converteuse então ao islã e, malgrado o ressentimento que lhes inspirava a dominação política árabe, eles tornaram-se ardentes partidários da nova fé, contribuindo para propagá-la do outro lado do estreito de Gibraltar e além do Saara. Os guerreiros berberes compunham a grande parte dos exércitos muçulmanos que conquistaram a Espanha [711] sob os omíadas, como as tropas aglábidas que arrancaram a Sicília dos bizantinos e as forças fatímidas que conduziram vitoriosas campanhas no Egito e na Síria (HRBEK, 2010, p. 8).

O Magreb é a região do norte da África conformada pela Líbia, Argélia, Marrocos, Mauritânia e Saara Ocidental (esta última entidade territorial não é, até o presente momento, um Estado independente). Cabe assinalar a diferença entre

Magreb e União do Magreb Árabe (UMA) integrada por Líbia, Tunísia, Argélia, Marrocos e Mauritânia sob o princípio de um acordo de interação política e comercial; e a África do Norte que, além dos países do Magreb, inclui o Egito.

Também é necessário ter em conta o papel julgado pelo Egito no fortalecimento do reino muçulmano: Egito islâmico tem uma história (entre o século VII e fins do século XI) complexa na qual se apresenta como o polo central do império dos fatímidas (909 a 1171) e um centro comercial situado entre o Mediterrâneo e o Oceano Índico.

No ano de 969, os fatímidas fundaram uma dinastia no Egito que demorou dois séculos: a partir de então teve um papel preponderante no Islã. A partir do Egito, os beduínos árabes empreenderam o caminho até o sul da África até chegar a Núbia, provocando assim mesmo a queda dos reinos cristãos e a arabização dos da África sudánica nilótico:

> A história do Egito islâmico entre o século VII e o final do século XI é aquela, fascinante, de uma importante província, embora relativamente afastada do califado, transformada em centro do potente império dos fatímidas, originalmente simples celeiro, posteriormente principal entreposto comercial entre o Mediterrâneo e o Oceano Índico, espécie de primo pobre do mundo muçulmano no plano das atividades intelectuais, transformada em um dos grandes centros culturais árabes. Em múltiplas ocasiões, o Egito exerceu influência no destino de outras partes da África; ele foi o ponto de partida da conquista árabe do Magreb, no século VII, em seguida da invasão hilālī, no século XI. A primeira teve como efeito islamizar a África do Norte e a segunda arabizá-la. Foi a partir do Egito que os beduínos árabes iniciaram o seu movimento rumo ao Sul e penetraram 8 África do século VII ao XI progressivamente na Núbia, abrindo deste modo a via para o declínio dos seus reinos cristãos e para a arabização do Sudão nilótico. Embora o Egito tenha cessado, durante este período, de ser uma terra cristã e a maioria da sua população se tenha convertido ao

islã, o patriarcado de Alexandria continuava a controlar as igrejas monofisistas da Núbia e da Etiópia, constituindo-se em alguns momentos no instrumento da política egípcia nestes países (HRBEK, 2010, p. 7-8).

Posteriormente, com base na consolidação política e econômica dos séculos anteriores, Egito ocupará um papel preponderante na defesa do Islã frente a outras civilizações entre os séculos XII e XIII.

Neste contexto, se desenvolveu a escravatura mediante a qual o mundo islâmico se abasteceu de negros escravizados, oriundos do Sul do Saara, que contribuíram no desenvolvimento econômico do Egito[2], de países do Oriente Médio e de vários países asiáticos, principalmente do Sudeste da Ásia. Neste ponto, é necessário precisar que, exceto o caso egípcio, a escravatura não era uma prática comum na África antes da chegada dos europeus: em geral, a escravatura não era uma prática comum na África, antes da chegada dos europeus: em geral, por trás dos conflitos de invasão de terras, os grupos vitoriosos chegavam aos "cativos"; são estes últimos quem são considerados erroneamente por alguns historiadores europeus como "escravos" no sentido restrito do termo.

Ainda assim, o certo é que diferentemente da Grécia Antiga, por exemplo, onde o escravo era assimilado à categoria de "coisa", na África o "escravo" possuía direitos cívicos e direitos de propriedade, existindo, além disso, múltiplos procedimentos de emancipação. Distingue-se geralmente entre escravos de casa e escravos de guerra, ainda que estes últimos terminavam por formar parte da primeira categoria depois de certo tempo. Em geral, na África, o escravo se integrava rapidamente à família que o possuía.

---

2 Mas também tinham se abastecido de escravos dos Balcãs no Egito, aonde trabalhavam como soldados e administradores; suas atividades contribuíram para consolidar o Império Fatímida.

No Congo, por exemplo, um pai de família chamava a seu escravo *mwana* (o filho, o menino). Em outros lugares de África, a situação não era tão favorável, mas a estrutura patriarcal e comunitária impedia que o escravo negro fosse um bem no sentido grego ou uma mercadoria conforme a perspectiva europeia. E mais, se observa que entre alguns grupos étnicos como os Fang (em geral na África Equatorial e precisamente na Guiné Equatorial) o conceito e a prática escravista era inexistente (KI-ZERBO, 1972, p. 265 – 289). De todo modo, a prática escravista à qual se refere não se pode comparar a escravidão posta em marcha pelos europeus desde meados do século XV até a década de 1870 já que foi mais sistemática, desumana e destruidora.

A combinação de fatos históricos, políticos e econômicos (exploração das costas da África no século XV e sua colonização nos três séculos seguintes, entre outros), estimulou consideravelmente o tráfico negreiro transatlântico, por sua natureza mais capitalista, seu caráter sofisticado, sua magnitude e suas implicações de comércio a grande escala com a consequente redução do ser humano a mercadoria. Daqui surge uma pergunta: por que os conquistadores árabes tiveram a necessidade de anexar territórios da África (expansão da civilização árabe)? A esta pergunta correspondem motivos de índole *econômica* e *geográfica*.

Com respeito ao econômico, o certo é que necessitavam favorecer atividades econômicas no império que limitava até então a Península Arábica corresponde atualmente a região integrada por Iêmen, Omã, Arábia Saudita, Emirados Árabes Unidos, Kuwait, Qatar, Bahrein, entre outros: até fins do século XII, o império muçulmano funcionou como uma zona de livre intercâmbio. Cabe destacar a importância do comércio, sendo o aumento da quantidade de ouro nestes intercâmbios, sendo o aumento da quantidade de ouro disponível no império do século IX um fator de transformação do qual padecia o sistema monetário islâmico.

Teria que se esperar até o século X para observar a evolução da situação com crescentes importações de ouro provenientes da África sudanesa ocidental (ouro sudanês); o que serviu então para cunhar peças de ouro e contribuiu a melhorar a vida econômica (desenvolvimento econômico) nestes territórios muçulmanos onde também se observou o aumento do nível de produção, consumo e preços. Por outro lado, se intensificou a exploração das minas de sal do Saara posto que se incrementou a demanda deste material na África subsaariana: aí se realizava então uma espécie de troca do sal trazido pelos árabes e ouro sudanês. O interesse comercial do mundo muçulmano com respeito a África sudanesa fez do Magreb um território que desempenhou um papel notável na consolidação de economia do império.

Por outro lado, outros comerciantes árabes provenientes da mesma península arábica e da Pérsia chegaram à África oriental de onde estiveram construindo uma importante rede comercial árabe até alcançar algumas ilhas do Oceano Índico (principalmente as Comores e Madagascar). Assim mesmo, a África Oriental padeceu de uma influência econômica, cultural e religiosa bastante marcada pelo mundo árabe.

O ano de 1492 é marcante, ao mesmo tempo, pela chegada da primeira expedição de Colombo às Américas, que acarretou uma série extraordinária de desdobramentos globalizantes, como pela expulsão dos muçulmanos da Península Ibérica, ocorrida alguns meses antes.

Para alguns dos membros da Al-Qaeda envolvidos nos atentados de Madrid, em 2004, este episódio não era simplesmente um registro presente nos manuais de história, mas um nítido marco da humilhação sofrida pelos muçulmanos por parte da Europa e um motivo para uma revanche. Paradoxalmente, a maioria dos espanhóis tem orgulho de seu passado árabe-muçulmano (mourisco).

O passado se faz presente de diferentes formas nos conflitos atuais. Os fluxos de pessoas, ideias e capitais entre as Américas, a Europa, a Ásia e a África conectaram os continentes numa história mundial que ainda está, em grande parte, para ser reescrita.Pensar a África Muçulmana requer um enorme exercício de conexões, algo que ficou claro no recente conflito no Mali (DUARTE, 2013). Daí a necessidade de recorrermos às análises históricas e geopolíticas.

A África Muçulmana é ofuscada enquanto região geopolítica pela denominação que a Casa Branca utiliza: Grande Oriente Médio, que seria uma enorme área transcontinental, que no sentido Leste-Oeste, por exemplo, cobre do Marrocos ao Paquistão.

A África Muçulmana é uma periferia economicamente integrada à União Europeia.Esta "integração" se traduz, em grande medida, como domínio econômico.No entanto, do ponto de vista geopolítico, cada vez mais, diminui a participação da UE na região.

A África do Norte apresenta elementos de identidade cultural e política comuns com outros países mediterrâneos e árabes, no entanto não se compreende, minimamente, as implicações geopolíticas magrebianas sem se remeter às Áfricas Saheliana e Subsaariana, ou seja, é necessário estar atento às relações internacionais entre os inúmeros atores africanos. A história compartilhada com os árabes desde as conquistas comandadas pelos quatro primeiros califas, entre 632 e 661.

O Egito, por exemplo, deve ser compreendido não numa lógica do Egito "branco", conectado ao mundo europeu por uma suposta democracia. O Egito é profundamente marcado pelas relações nilóticas e pelas conexões milenares com a África Subsaariana, portanto por ligações com as populações negras do continente, como Cheick Anta Diop demonstrou (2012). Cada vez mais, vê-se uma África que busca se soluções próprias para seus problemas, daí a importância das ações da União Africana.

Em fins da década de 1980, iniciou-se uma gigantesca transformação na geopolítica global, com a ruptura da bipolaridade e a emergência de uma sensação de que os Estados Unidos estabelecer-se-ia, numa longa duração, como superpotência. No entanto, o 11 de setembro, a expectativa de que os Estados Unidos pudessem manter uma hegemonia global começou a ser erodida rapidamente.

Mesmo que tenha um caráter esporádico e militarmente inconsistente, o 11 de setembro é um ponto de virada na história do mundo e, por conseguinte, na África Muçulmana: apesar das suas origens controversas, o ataque pelas forças da Al-Qaeda nos Estados Unidos foi a primeira vez em 500 anos que uma força do Terceiro Mundo atingiu de forma maciça um alvo numa grande metrópole (ataques islâmicos argelinos em Paris na década de 1990 eram de uma escala muito menor), e ocorreu mais de dez anos depois, o que iniciou a primeira onda de jihadistas de ataques contra alvos ocidentais: carro-bomba explodido no World Trade Center em 1993 e subsequentes ataques contra alvos estadunidenses na Arábia Saudita (1995) e na África Oriental (1998). Os atentados de Madrid, em 2004, e Londres e Amã (Jordânia), em julho e novembro de 2005, devem ser considerados como parte da sequência do anterior. A questão de quando, e por que começaram tais ataques é importante para compreender o desafio que eles representam e o quão dramaticamente foram manejadas as respostas, tanto em Washington quanto em Nova York, os ataques de 11 de setembro: as origens políticas desses eventos estão na Guerra Fria.

A Al-Qaeda encontrou um extraordinário ambiente para ampliação de sua rede na África Muçulmana, em virtude de inúmeros problemas, por exemplo: a explosão demográfica associada a um fraco desenvolvimento econômico-social, a estrutura do poder em famílias e clãs, a corrupção e o clientelismo, as classes médias magrebianas, relativamente importantes e instruídas em comparação com outras regiões do mundo, estão insatisfeitas depois de décadas colaborando para o desenvolvimento de seus países.

Um problema muito sério, talvez o mais importante, sejam as crises identitárias. Entre Oriente e Ocidente, entre o pan-arabismo e o pan-africanismo, as sociedades magrebianas não encontraram um modelo identitário minimamente estável. São sociedades complexas nas quais se entrecruzam muitas identidades ativas, reivindicativas e ainda assim absolutamente excludentes. Tratam-se desde os muçulmanos mais fundamentalistas até as ativistas feministas, defensores dos direitos ou das minorias. Ao contrário do Ocidente todos eles defendem seus ideais arriscando suas vidas.

Todas as comunicações diretas entre a África Subsaariana e o Extremo Oriente passam por países muçulmanos. Os acontecimentos dos últimos 30 anos demonstraram a importância geopolítica desse espaço. É isso que o presente livro revelará com perspicácia e precisão.

Rodrigo Corrêa Teixeira

Prof. do Departamento de Relações
Internacionais da PUC-Minas

1. INTRODUÇÃO

Esse trabalho objetiva analisar as variações no fluxo expansionista do Islã em África e as razões das diferentes mudanças desse fluxo. Para tanto, várias fontes foram incorporadas ao longo da escrita. Neste livro, alunos e professores encontrarão suporte para compreender quais os caminhos que levaram a religião que mais cresce no planeta a ganhar (e perder) força no continente africano desde o seu nascimento, até as grandes navegações.

Assim, parte-se da análise de um Islã que por vezes se apresenta como um fenômeno muito mais político e econômico, e de outros posicionamentos que contrapõem essa visão, em uma vertente analítica que caracteriza esse mesmo fenômeno por um viés mais belicista. Compreendendo também outros importantes autores, traça-se nesta obra de forma analítico-comparativa, um perfil de uma África dinâmica mutável e exposta a variações constantes. Tudo isso fruto de uma religião que não só se expandia territorialmente, mas fixava-se de modo vertical (com forte penetração cultural, política e social) por onde se assentava.

Os aspectos físicos representam outro elemento de correlação que é abordado na análise empreendida nessa pesquisa. O ponto de partida orientador deste trabalho está na carência de estudos específicos e análises detidas no tocante à geopolítica da religião, além do fato de não encontrarmos a chamada voracidade expansionista islâmica em territórios bantos³. Pretende-se, portanto, responder à pergunta: *quais os fatores que influenciaram a ocupação islâmica dos territórios ao norte da África, e sua inexpressiva presença na porção ocidental e meridional desse continente?*

A comunidade islâmica que nasce na península Arábica, em um ambiente agreste, rodeado por montanhas e desertos venceu as dificuldades naturais conquistando para além da África no norte, o Saara. Existe aí, portanto, uma relação entre estes espaços conquistados e a teologia, afinal, a montanha, o deserto e até a areia fossem espaços de uma complexa teia de relações que foi teorizada. O deserto e a montanha são exemplos paradigmáticos do espaço utópico de desejo e ambição do muçulmano (BÍSSIO, 2012). Este importante ponto será discutido ao longo deste.

A ascensão do Islã foi possível, principalmente, devido à atratividade, simplicidade e poder da mensagem religiosa. A identificação dos locais e a similaridade das feições garantia que a palavra não encontrasse primeiramente choques fisiográficos⁴. Qualquer pessoa podia se tornar um mulçumano. Os povos conquistados podiam praticar o cristianismo ou o judaísmo se quisessem. Até as crenças politeístas e xamanistas eram toleradas. Entretanto, todos os não-muçulmanos tinham de pagar um imposto (*jizya*). O incentivofiscal pró-conversão foi um motivo poderoso para o Islã logo se tornar a religião não apenas da classe dominante, mas também das massas. Mesmo

---

3   Referem-se a todos os entrelaçados em semelhantes subgrupos ou famílias étnicas falantes línguas pertencentes ao mesmo conjunto linguístico, o das línguas bantas, que pertence à família linguística nígero-congolesa. Na grande maioria dos casos, esses subgrupos têm costumes comuns e práticas também idênticas.

4   Entende-se por "choque fisiográfico" a diferença de estrutura física (fatores como clima, vegetação, relevo e hidrografia) percebida por um grupo neófito (CASTRO, 1996, p.119).

assim, muitos governantes desencorajavam as conversões, temendo perder receitas importantes, o que indica que a imensa popularidade do Islã se explica, em grande parte, pelo poder da mensagem religiosa subjacente (SARDAR, 2010, p. 58).

A cartografia utilizada na concepção e elaboração dos mapas surge a contemplar duas vertentes; a primeira tradicional com mapas ditos convencionais e a segunda forma que pode ser vista também no documento da página 60 com inspiração na cartografia de Rafael Sanzio.

1.1. AS FRONTEIRAS FÍSICAS E DEMAIS LIMITES ESTABELECIDOS

O Islã, sobretudo o africano, transpôs fronteiras possibilitando a reorganização da cartografia africana. As linhas de demarcação fronteiriças assumem muitas atribuições e feições: física, política, cultural, ideológica, psicológica e religiosa. Todas essas características atribuídas ao conceito de fronteira estão em pleno movimento. Aparentemente, os árabes sabiam que a queda de uma fronteira política pré-estabelecida não significa automaticamente a superação das barreiras psicológicas e culturais (CASTRO, 1996, p.119). Por isso, em muitos casos, o Islã ocupou espaços tornando-se mais numeroso quanto aos adeptos e hegemônico em específicas localidades. A própria chegada do Islã às Américas oito séculos depois de sua origem pelo tráfico transcontinental de mão de obra, é uma prova dessa permeabilidade das fronteiras pela religião e, ao mesmo tempo, um sinal dessa força expansiva muçulmana (BÍSSIO, 2012, p. 197).

No período de mais latente da expansão, a marcha expansionista muçulmana encontrou alguns entraves, realizando mudanças de rota, adaptando-se e, em alguns casos, regredindo. Entre os séculos XV e XVI, esse crescimento reduz o ímpeto na região do Golfo de Benin, redirecionando-se para sudeste. As razões para isso estão presentes numa análise multifatorial.

São necessárias as contribuições de vários especialistas para responder a essas perguntas e outras tantas que são pertinentes ao pensar no Islã em África.

> Entre o começo da expansão do Islã em todas as direções no século XI, época que aparecem as primeiras notícias da existência do Islã na África, há um espaço de quatro séculos que é difícil preencher com precisão. Mas podemos dizer pelo menos que desde aquela época o Islã está presente de alguma maneira. Os aspectos são evidentes. Não se pode negar. Como se produzem concretamente? As aproximações são vagas, muitas conjecturas. Quaisquer que sejam as respostas, a pergunta segue vigente: *De onde vem o êxito do Islã em África?* (TAYLOR, 1994, p. 7, grifo nosso, tradução nossa[5])

Opta-se por seguir as balizas cronológicas apresentadas por Ney Lopes (2006), dividindo a história de ocupação da África pré-colonial em quatro períodos e vertentes.

Embora Lopes (2006) afirme que esses períodos se interconectam e se sobreponham, esse trabalho deixa de seguir a lógica cronológica para analisar o processo cultural. Tomando o Islã como agente político social, aceitamo-lo como adaptável. Daí justifica-se reestruturar a apresentação cronológica. Todavia, para maior clareza na leitura, e para situar o leitor, indica-se o período ao qual está se referindo, quando necessário.

---

5   Entre el comienzo de la expansión del Islam en todas las direcciones y el siglo XI, época en que aparecen las primeras noticias de la existencia del Islam en África hay un espacio de cuatro siglos, que es difícil llenar con precisión. Pero, podemos decir que desde aquella época, por lo menos, el Islam está presente de alguna manera. Las trazas son evidentes. No se pueden negar. ¿Cómo se produjo concretamente? Las aproximaciones son vagas, muchas las conjeturas. Cualquiera que sea la respuesta, la pregunta sigue vigente: ¿De dónde le viene al Islam su éxito en África? (TAYLOR, 1996, p. 7).

Esse trabalho traz a confluência da obra de diversos autores, destacando-se dois deles para delimitação a obra de Ney Lopes (*Bantos, Malês e Identidade árabe*) e Beatriz Bíssio (*O mundo Falava Árabe*), ressaltando o fato de que o contato africano e a formação de novos grupos socioculturais deram-se de maneira mais franca com o Oriente Médio em princípio, gerando novas determinações econômico-culturais.

> A Ciência social moderna representa a culminação de uma tradição que tem como objetivo desenvolver leis gerais que podem ser aplicados a qualquer tempo e lugar. Um exemplo conhecido é a tentativa de equipar o declínio do Império Britânico com o declínio do Império Romano quase dois mil anos antes. Além disso, é frequentemente assumido que a "natureza humana" é universal, de modo que seria possível aplicar a outras culturas e outras vezes as motivações do comportamento humano que podem encontrados hoje nos países avançados.[6] (TAYLOR, 1994, p. 5, tradução nossa).

Esse trabalho é importante e relevante na medida em que traz à discussão aspectos da formação do continente africano sob a ótica da influência islâmica. A importância de tal estudo aponta para uma temática de relevância considerável no meio acadêmico, momento que paira sob o mundo o dilema das migrações, árabes ou não, e os efeitos da maciça presença europeia agora no continente europeu.

---

6   La ciencia social moderna representa la culminación de una tradición que pretende elaborar leyes generales que se puedan aplicar a cualquier época y lugar. Un ejemplo conocido es el intento de equipar la decadencia del Imperio británico con la decadencia del Imperio romano casi dos mil años antes. Asimismo, a menudo se da por supuesto que la «naturaleza humana» es universal, por lo que sería posible aplica a otras culturas y a otras épocas la motivaciones de la conducta humana que se puedem encontrar hoy en los países "avanzados. (TAYLOR. 1994, p. 5)

A ampliação da discussão se dá pela perspectiva da abordagem associando o elemento físico ao contexto de ocupação e uma nova ótica na compreensão das possibilidades e dos efeitos da chegada da religião de Maomé para os povos africanos.

São encontrados nesse livro dois blocos analíticos. O primeiro trata da Geopolítica da Religião, e traz elementos teóricos que permitem analisar a temática religiosa no contexto de seu expansionismo territorial.

No primeiro capítulo, discute-se conceitos pertinentes para o embasamento de toda a perspectiva analítica referente a expansão do Islã. Assim, a contribuição de autores como Castro (1996) que aborda as questões referentes ao território, Chauprade (1996) sobre fronteiras, religião, identidade e Taylor (1994) com sua contribuição sobre geopolítica são retomadas no intento de construir um caminho investigativo das facetas islamizadoras.

No segundo capítulo, expandimos a discussão sobre Geopolítica da religião buscando compreender o entrelaçar de posturas e as características que impulsionam os indivíduos ao controle de determinados territórios e em que condições a religião deixa de ser o algo acessório e torna-se fator de propulsão para tais empreitadas.

O prefácio que antecede o segundo bloco analítico inicia-se como terceiro capítulo, caracterizando o Islã como religião globalizante, agregadora de várias nuances históricas e síntese de múltiplas determinações. Sua penetração em território africano e cada um dos múltiplos fatores determinantes tanto para o sucesso do avanço pelo continente, como sua mudança de direção e arrefecimento na costa oeste.

Discute-se, entre outros, o fato de que na vertente oriental africana ao longo dos séculos VII a XII, a marcha islamizadora é encontrada em direção ao Egito e, por conseguinte para o Sudão, e ao sudoeste, Níger e Chade, todavia, a influência profunda e marcante sairia da península arábica[7] e chegaria até Zanzibar e Moçambique.

> Por fluidez, habilidade comercial e influência islamizante, destacam-se as populações swahili da costa, em Quênia e Tanzânia, e alguns "swahilizados", como os Tippo Tib, no Congo-Kinshasa, exploraram para fins comerciais o Interior, assumindo, parcialmente, o papel de caudilhos islamizados que não faltaram, como o Mahdi no Sudão, deve ser marcado historicamente décadas depois pela sua capacidade, e por que não resistência heróica à penetração... (NIANE, 1982, p. 122).

O segundo bloco analítico trata do contexto da expansão islâmica. Nessa seção, disserta-se sobre a visão globalizante do Islã e suas identidades contraditórias ao longo da história. Ressaltam-se os fatores que permitiram a penetração do mundo muçulmano em várias culturas e regiões, como a língua, a cultura, os fatores físicos africanos e a situação dos Estados desse continente, a sedução cultural das elites, a questão do comércio e a expansão que a atividade mercante possibilita, os fatores religiosos especificamente, especialmente a *Jihad*, e o ímpeto expansionista embutido na cultura muçulmana do crescimento pelo crescimento.

Ressalta-se as questões fronteiriças, a formação dos Estados africanos, o câmbio escravista, a arabização prévia como lastro para a ocupação. Por fim, trata-se do determinismo físico (o deserto), o Reino Congo, o Império Mossi e o contato com os portugueses.

> Rivalidades como aquelas estenderam o poder do Islã como uma força religiosa e política, e a nova palavra de Deus espalhou-se para longe no lombo de cavalos e camelos. Os árabes eram em sua maioria nômades. Sua atividade consistia

---

[7] Sabe-se que essa vida deu-se principalmente pelas condições agrestes dos solos nesta parte do oriente médio. A migração neste contexto dar-se-á pelas condições de acidez e baixa produtividade dos poucos espaços agricultáveis.

em transportar produtos e escravos pelos desertos poeirentos. Como cavaleiros, puderam se aproveitar da vantagem militar substancial das cargas de cavalaria, contra as quais sociedades sedentárias frequentemente ficavam indefesas. Após a conquista da pérsia, as tropas islâmicas tornaram-se ainda mais temíveis graças à adoção dos pesados cavalos persas de boa raça. Os estribos, inventados na China, aumentaram bastante a movimentação, permitindo o uso de armas muito longas e pesadas sem perda de equilíbrio". (LLOYD, 2011, p. 236)

Esse percurso analítico-descritivo tem por objetivo analisar a ausência de um contingente islâmico para além da chamada savana. As franjas desse bioma são o limite para a expansão dos convertidos, foram tantos povos que ao longo de séculos modificaram sua forma de viver seu fazer identitário e cultural e agora em uma região tangenciada por um bioma específico, a floresta, são exíguos ou inexistentes.

Essa pesquisa traz, sem o objetivo de concluir a questão, o que Lefebvre (2004) em sua obra sobre a gênese de uma civilização não admite, que é a discussão do espaço social como objeto, uma vez que para o mesmo, considerá-lo assim retiraria atributos e qualidades de dinamismo para este conjunto móvel de relações interpessoais. Do mesmo modo, Bíssio (2012, p. 23) assume esse mesmo espaço social como um objeto que, todavia, para ser entendido, necessita de uma grande e profunda imersão para além de seus aspectos físicos, históricos e, sobretudo, culturais. Ainda assim, percebe-se no espaço social africano uma indissociabilidade contextual na qual o compreender o posicionamento de cada um dos atores é de fundamental importância.

2. GEOPOLÍTICA DA RELIGIÃO

As configurações do espaço e suas delimitações sempre forneceram possibilidades de estudos para inúmeras ciências. Ao se lançar no estudo de uma forma de organização territorial do continente africano e suas derivações, um desafio é apresentado de imediato, que é compreender a relação entre a dominação política e cultural de grandes porções territoriais, e essa ligação com a expansão do fenômeno religioso. Compreender a chamada Geopolítica e Religião ou, por aglutinação, Geopolítica da Religião, remonta de um equilíbrio político entre os Estados, e o equilíbrio de poder relativo à capacidade de influência entre os mesmos.

A delimitação dos estados em África do a partir do século VII é bastante discutida, muitas são as fronteiras estabelecidas cada uma por um fator diverso, como língua/idioma, poderio militar, morfologia, entre outros.

Desses fatores, a vertente cultural referente ao fazer religioso é sem dúvida o principal ponto para ancorarmos nossa análise. Para Delumeau (1997, p. 27), religião trata-se de um conjunto de sistemas culturais e de crenças, além de visões de mundo, que estabelece os símbolos que relacionam e interagem internamente e para com a humanidade, com a espiritualidade e seus próprios valores morais. Para Marques (2005), são as religiões detentoras de narrativas, símbolos, tradições e histórias sagradas que se destinam a dar sentido à vida ou explicar a sua própria origem e a do universo. Um consenso entre os autores é o fato de as religiões tenderem a derivar a moralidade, a ética, as leis religiosas ou um estilo de vida preferido, de suas ideias sobre o cosmos e a natureza humana.

Assim, pensar em uma Geopolítica da Religião é buscar a interpretação dos fatores que favorecem, ou prejudicam, não só as relações entre diferentes estados africanos, mas também, no jogo de interação política, compreender como a religião favorece a sobreposição de um em relação a outro.

2.1. A GEOPOLÍTICA

Ainda que algumas teorias apresentadas nessa pesquisa tenham como base de análise o comportamento dos Estados, é possível utilizá-las para refletir sobre a questão central proposta. Esse estudo, sobretudo, trata do internacional, do objeto cultural combinado que passará a reger o comportamento social de muitos indivíduos por séculos. Isso posto, pode-se de maneira clara compreender ao longo do texto que cada território de contato é um novo grupo social que pode se considerar como locais de intercâmbio. Ainda que não existissem os Estados, ou o conceito dos mesmos não fossem delimitados e apoderados pela cultura eurocêntrica, os territórios e sociedades se interconectavam e interagiam gerando novas determinações e múltiplas zonas de contato.

Do mesmo modo que a exploração e acumulação não foram criadas por Marx e Engels, o objeto de análise social também será tratado nessa pesquisa mesmo sem uso do vocábulo capitalismo.

Entretanto, ao longo do texto, para não incorrer em uma sobreposição de conceitos, épocas e espaços, quando se refere aos processos de troca, obtenção de vantagens pelo comércio, ou exploração de uma sociedade, grupo ou território por outrem, faz-se uso do "sistema histórico", proposto por Wallerstein (1974).

Quem seguramente pode afirmar que o contato da sociedade comercial árabe dita de sistema de segundo nível por contar já no século VII com uma produção de manufaturas não culminou por influenciar devido ao seu contato milenar a produção africana classificada como ciclo de sistema social primário? (WALLERSTEIN, 1974, p. 112).

Para Joseph Nye (2004), o *smart power* representa a síntese de duas teorias o *hard power* e o *soft power*, assim o chamado "poder inteligente" pode representar em momentos específicos o avanço religioso (em momentos pela palavra, outros pelo comércio ou pela espada) por todo o vertente norte do continente africano. Esse poder inteligente pode representar e explicar a forma com que a religião tenha encontrado a penetrabilidade em tal solo. Antes de propagar o medo, a religião leva esperança, atributos que facilitam sua absorção e aculturação. Assim, a estrutura interna dos estados pode ser modificada, modificando também os interesses e a importância nacional relativa ao ambiente internacional. Todavia, tal conceito não pode ser utilizado para elucidar as limitações do mesmo ímpeto expansionista.

> Esses atores são importantes não somente devido às suas atividades em busca de seus próprios interesses, mas também porque eles agem como cinturões de transmissão, tornando as políticas governamentais em vários países mais sensíveis umas às outras. [...] borrando as linhas entre a política doméstica e a externa, e aumentando o número de questões relevantes para a política externa. Desenvolvimentos paralelos em questões de regulamentação ambiental e controle sobre tecnologias reforçam essa tendência (KEOHANE E NYE, 1977, p. 22).

Buscou-se para esse estudo por sua grande contribuição temática e conceitual nas Humanidades. Assim sendo, o conduto teórico utilizado inspira-se em Adam Watson e Fernand Braudel. Ambos, cada um a seu modo, trabalham as relações homem-espaço, suas organizações sociais e culturais, a regulamentação de novos espaços, a tipificação e classificação dos diferentes espaços, e sua apropriação e ocupação.

2.1.1. *Organização do espaço*

A geopolítica antes de tudo é a sistematização orgânica das expectativas. Ou seja, ela é a capacidade particular dos Estados se organizarem, planejarem e decidir em relação a todos os outros. Assim, o contexto global das relações entre os Estados, reinos, tribos, clãs ou famílias, e até mesmo as compreender o câmbio societal intercontinental, é fundamental para compreender as decisões de um ator em relação a outro, e a esse conjunto de fatores específicos, políticos por primazia, econômicos e, por conseguinte, decisórios, atribui-se como o lastro da geopolítica (MELLO, 1999, p. 13-23).

O conceito de geopolítica aproxima-se do Realismo de Nye, Mackinder, e o Neo-Realismo de Waltz esses e outros expoentes convergem não só na forma de conceber a relação entre os estados, método quanto a interlocução entre os atores. Não é o objetivo de essa pesquisa elencar as contribuições teóricas destes expoentes da teoria das Relações Internacionais, para tanto, outras obras poderiam ser consultadas. É inegável, todavia, que embora tenha escrito *a posteriori* em relação aos fatos de estudo dessa pesquisa, o conceito de dominação *soft power* exposto por Nye (2004) pode ser percebido em alguns períodos desse numa leitura com parcimônia. Não é a religião, pois, a forma mais sutil, embora evidente, de realinhamento de posturas nos Estados e povos por todo o globo?

Dentro da geopolítica moderna cabe ainda conceber algumas premissas importantes como o direito à sobrevivência dos territórios, assim como também entender que as sociedades culturais são díspares hierarquizadas de maneiras diferentes, tendo sempre em vista o perfil do agente dominante. Assim, fica patente conceber que o sujeito de posição contemporânea inferior (inferioridade conjuntural pela supressão do direito de decidir) está submetido às condições político econômicas, culturais e organizacionais do agente mais próximo em condições superiores. Assim, sujeito e objeto se confundem numa relação entre dominador-dominado (ocupante-ocupado) (BÍSSIO, 2012, p. 24). Castro (1981) aponta nessa obra os aspectos sociais desse fenômeno.

> Desse modo, diante do processo de imposição cultural ou absorção normativa de convívio social de dois grupos sociais teremos sempre duas situações de reconhecimento mútuo negação. O sujeito de posição hierárquica olha para o diferente como algo exótico, inferior a qualquer coisa ofertada, pode (e fará) movê-lo para uma melhor condição. Também o indivíduo de posição inferior olha o outro como detentor de algo mútuo e diferente (CASTRO, 1981, p. 1981).

Em sua obra sobre a importância das fronteiras e sua caracterização física, Moodie (1975) aponta para a necessidade de diferenciar as divisões por aspectos da geografia física (rios, lagos, montanhas etc.) e as dificuldades em se estabelecerem fronteiras para além dessas situações. As fronteiras estabelecem-se, antes de tudo, pela diferença entre os membros de cada uma das unidades, em que quanto mais díspares em sua história e cultura, mais rígidas serão as diferenças e mais coesos serão os laços.

> Em outras palavras o limite define a área dentro da qual se desenvolve a organização interna do Estado ao longo do qual entram em contato diferentes sistemas de organização estatal. É, portanto, mais uma característica política do que geográfica e sua função divisória depende, grandemente, do grau de diferença ou de semelhança entre as organizações em meio às quais fica. (MOODIE, 1975, p. 93)

Ainda que como uma linha científica recente, a Geopolítica, termo expandido por Saguim (1981), e delimitado por Halford John Mackinder (1975 *apud*MILLE, 1999), é hoje extremamente importante para caracterizar as relações de poder entre os povos, crenças, nações ou sistemas de organização. Assim, durante todo o século XX e princípio do século XXI, o principal meio de aferição das relações internacionais é o poderio geopolítico. O vocábulo Geopolítica é estratégia, junção de termos consagrados Geografia e Política, que tem por função aplicar medidas para o sucesso de um grupo em relação a outrem, buscando principalmente para isso balizamento militar, o termo pode, e é, concebido de duas formas e apreensões distintas; enquanto a primeira (Geopolítica) refere-se à junção de fatores políticos e geográficos determinantes na gestão do estado, a segunda leitura da terminologia refere-se às relações entre atores de um mesmo jogo de relacionamento político.

Foi Mackinder (1921) quem relativizou a postura central europeia, dando ênfase a história da Ásia e apresentando o velho mundo num sistema interconectado do qual o mesmo não é o centro.

Mackinder (1921) também se utilizou primeiramente da causalidade geográfica para o entendimento da história universal e para caracterizar os acontecimentos societários. Assim, enquanto a visão weberiana aponta múltiplos caminhos, a de Marx assemelha-se a de Mackinder por apontar para um único caminho materialista de embates entre as classes sociais, unicasual e teleológica, fundamentado no caso de Mackinder única e exclusivamente na geografia e suas realidades, processos históricos – lutas de sociedades econômicas e terrestres. Com efeito, para o criador da Geopolítica como ramo científico "o homem é não iniciado pela natureza, mas é ela quem o dirige e modela em grande parte" (DEFARGES, 2003, p. 58).

Assim, a importância de é caracterizar e apresentar de forma Geopolítica o processo de islamização e africanização encontra forte lastro no pensamento de Mackinder (1921).

Para Mello (1999), a história das relações coletivas humanas é fortemente condicionada pela feição estrutural geográfica do meio ambiente, encontrando-se o conceito primitivo de espaço natural ou natureza intocada, como o espaço *locus* de dominação humana, a posição, o relevo, o clima e os recursos naturais de sua base territorial. Assim, a interpretação de uma geografia física, para a Geopolítica de Mackinder, é também a interpretação da realidade alterável pela dominação dos espaços e o mesmo esteja fadado às alterações humanas pela superioridade tecnológica (ou poderio bélico) de seus aspirantes.

Para Mackinder, a Geopolítica era direcionada pelos fatores geográficos. Assim, as condições de escravidão/servidão, coerção e limitações estruturais eram todas de responsabilidades determinística do meio, e esse influenciava diretamente o fazer cultural e social de um povo.

> Um dos significados do termo atribui uma acepção bastante específica: a observação dos pressupostos, explicações e classificações geográficas envolvidas na concepção da política mundial. Alguns dos mais recentes trabalhos no campo da geografia política têm objetivado demonstrar a utilidade da adoção desta definição tentativa para analisar como a perceptível integração do mundo em uma única entidade, por um lado, o desenvolvimento estatuto territorial como um ideal político, por outro, se uniram para criar a contextualização da política do mundo moderno.[8] (TAYLOR, 1994, p. 49, tradução nossa).

Entretanto, é necessário salientar a afirmação de Mackinder de que os povos insulares teriam vocação para navegações e comércio, enquanto povos continentais apresentariam tendências expansionistas como é o caso dos povos mediterrâneos e mongóis. Coloca-se duas questões: i) Como explicar com base nessas premissas o caráter mercantil dos Berberes e demais

---

8   Una de las acepciones del término le atribuye un significado más concreto: el examen de los supuestos, clasificaciones y explicaciones geográficas que participan en el diseño de la política mundial. Algunos de los trabajos más recientes en el campo de la geografía política han intentado demostrar lo útil de la adopción de esta definición trato de analizar de qué modo el descubrimiento y la integración del mundo en una sola entidad, por un lado, y el desarrollo del Estado territorial como ideal político, por otro, se unieron para crear el contexto de la política mundial moderna.

povos do deserto?; ii) Como avaliar a chegada do Islã em partes específicas da África, expansionismo pelo eixo península Madagascar → península arábica → África Continental?

Kjellen, cofundador da Geopolítica centraliza sua nova ciência (ou ramo científico) nos estados maiores, europeus e sua relação de dominação, assim tem-se na essência da Geopolítica não o equilíbrio, mas a dominação (CHAUPRADE, 1996, p. 233).

No intuito ainda de esclarecer o processo de expansão escalar e todos os meandros culturais da Islamização de um povo, é necessário utilizar o conceito de território e algumas das suas derivações que sejam adequadas. Seria mesmo o território apenas fruto da interpenetração de espacialidade e poder?[9] Para Souza (2005), alguns territórios representam verdadeiras redes onde cada nó é um epicentro de poder, portanto discute-se as possibilidades de enquadramento da questão.

> A esse território de rede ou território-rede propõe o autor chamar de território descontínuo. Trata-se essa ponte conceitual ao mesmo tempo de uma ponte entre escalas ou níveis de análise: o território descontínuo associa-se a um nível de tratamento onde, aparecendo os nós como pontos adimensionais, não se coloca evidentemente a questão de investigar a estrutura interna desses nós, ao passo que, à escala de território contínuo, que é uma superfície e não um ponto, a estrutura espacial interna precisa ser considerada. Ocorre que, como cada nó de um território descontínuo, concretamente e à luz de outra escala de análise, é uma figura bidimensional, um espaço, ele mesmo um território (...) temos que cada **território descontínuo** é, na realidade, uma rede a articular dois ou mais territórios contínuos (SOUZA, 1994, p. 94)Destaque nosso.

---

9   Essa questão será mais bem detalhada na próxima seção dessa pesquisa, ajustando-a para a realidade africana no período referido.

O território é o tema de análise ou ao menos embasa a discussão de vários campos das ciências. O termo é bastante utilizado nas Relações Internacionais e assemelha-se ao entendimento da Geografia, por estar imediatamente ligado aos processos de construção, dominação, contendas e transformação do espaço geográfico. Como sua utilização varia de acordo com o contexto envolvido, aqui buscamos apresentar o traço conceitual mais pertinente entre os analistas internacionais. Por isso, quando o termo Território for empregado, trata-se da conceituação adotada mais comumente a que correlaciona o espaço apropriado específico delimitado a partir de uma relação de poder.

Foi o alemão Friedrich Ratzel (1961) um dos pioneiros a propor uma organização e uma delimitação do conceito de território. Sua análise e proposição estão diretamente vinculadas ao poder e domínio exercido pelos Estados nacionais, de modo que o território conforma uma identidade, um sentimento de nação tal que seu povo, ou a população nativa que nele vive não se imagina sem a sua expressão territorial e por essa estão dispostos às armas.

Claude Raffestin, por sua vez (1993), geógrafo suíço, quem trouxe para a discussão a antecedência do espaço em relação ao território. Assim, sem que essa atitude de Raffestin seja entendida por uma mera idiossincrasia, entendeu-se que o território é o espaço o grande alvo das contendas apropriado por uma relação de poder, de novo observa-se a balança geopolítica na formação dos conceitos. Tal relação percebe-se, expressa em todos os extratos das relações sociais.

Para maior fluidez dessa proposição concebemos o território, como uma associação de diversas abordagens, sendo a delimitação dos espaços na fluidez das fronteiras – em suas diferentes concepções – transformada ou mantida pela expressão da manifestação imposição de poder, seja esse mesmo poder manifesto em modo *hard* ou *soft,* pois a caracterização do território manifesta-se e valoriza-se pelo conjunto de atores diferentes envolvidos, e muito mais do que seu valor monetário estrutural evidente.

Mas definição de território não tem nenhum elemento material concreto? O território é antes de mais nada delimitado por características de espacialidade, cotidiano e poder. Dentro de um território o poder é constantemente legitimado e, esse mesmo espaço delimitado é palco de fluidez e efervescência. Assim, não se trata somente do que o território tem a oferecer, e sim o que ele representa em múltiplas escalas, sejam essas políticas, culturais, religiosas ou, como já dito, por recursos de seu lastro ambiental.

Souza (2004), por exemplo, explicita em sua obra sobre as transformações dos espaços urbanos que o processo de formação territorial nem sempre ocorre por meio de expressões concretas sobre o espaço. O autor apresenta a existência sobreposta em um mesmo campo espacial de múltiplas territorialidades, exemplificado por localidades que possuem detentores díspares em um mesmo lapso temporal.

Ainda refletindo acerca da delimitação conceitual, ressalta-se que territórios podem possuir um caráter de fluido espaço temporal, de fronteiras móveis reorganizáveis e interconexas numa relação de redes orgânicas interdependentes pelo fluxo de informações ou contatos.

A noção de fronteira está associada, intimamente, àquela de território, pois a existência do território implica no reconhecimento de limites. As fronteiras são usadas por alguma autoridade para moldar, influenciar ou controlar atividades, mostrando claramente as relações do poder. A fronteira territorial pode ser somente a forma simbólica ou uma afirmação sobre a posse ou a exclusão, sendo utilizada como recurso para delimitar a posse. As fronteiras não são mortas e fixas, elas são construídas, reafirmadas, reinventadas. E a sua construção e/ou invenção perpassa principalmente pela dimensão histórica e pela construção do imaginário. Essa construção envolve relações de poder, como o poder de definir quem é incluído e quem é excluído, ou a escolha entre os eventos e lugares do passado capazes de fazer sentido na atualidade.

Leva a pensar em ambos os lados das fronteiras, pensar além das fronteiras, pensar geopolítica e epistemologicamente as fronteiras (HISSA, 2002). As fronteiras são sempre regiões geopoliticamente sensíveis:de um lado, tensões, pressões, antagonismos e conflito; de outro, contatos, intercâmbios, porosidades e aproximações.

As fronteiras são símbolos. Os símbolos não se ajustam plenamente ao espaço. Os símbolos antecedem, perpassam e ultrapassam o espaço. Então, onde começam e terminam no espaço as fronteiras? A fronteira é uma oportunidade e um perigo. A fronteira oferece a segurança aos territórios e, ao mesmo tempo, promove os intercâmbios, os contatos, os encontros. A fronteira é salvação e é expulsão. A mesma é sacralizada pelo discurso nacionalista, embora esteja associada à violência e à guerra. Segundo Bíssio (2012), "as fronteiras marcam um "dentro" e um "fora", um "nós" e um "outros".

Por isso, as fronteiras são de muitos tipos: físicas, políticas, culturais, até mesmo psicológicas. Uma fronteira cria um espaço interior que pretende ser homogêneo e deliberadamente diferenciado do exterior. Mas as fronteiras são também barreiras invisíveis que se interpõem entre os homens, inclusive nas relações pessoais. Vivemos em um tempo de fluxos: um tempo de circulação permanente e potencialmente ilimitado de pessoas, mercadorias, dinheiro e ideias. E, no entanto, se fala mais do que nunca de fronteiras.

Com enorme facilidade, os governos respondem a qualquer conflito – cruel ou não tão cruel –, levantando ou reforçando fronteiras, ainda que se saiba que cada vez mais se torna impossível controlar o acesso aos territórios. Estamos em um momento de intercâmbio entre velhas certezas obsoletas e as novas referências por descobrir. As linhas de demarcação, física, política, cultural, ideológica, psicológica e espiritual, estão em pleno movimento; o mundo é um mar agitado.

A queda de uma fronteira física não significa automaticamente a superação das barreiras psicológicas e culturais. Ao mesmo tempo, constantemente se constroem fronteiras difíceis de constituírem fisicamente, mas de uma eficácia social indubitável (ou não é este o sentido do discurso do choque das civilizações?). Em qualquer caso, a comodidade dos espaços homogêneos, delimitados por uma só fronteira e com divisões internas que em nenhum caso questionavam a unidade do marco nacional, está passando pela história.

Até o século XX, o paradigma dominante resultante de uma concepção acumuladora estava na mística do espaço explorado onde o território havia de ser ocupado até que de imediato uma necessidade surgisse. As fronteiras aparecem nesse contexto como zonas de aproximação, muito além de separar diferenciar e excluir, na maioria das vezes determinam zonas de contato e permeabilidade.

> No momento em que a fronteira linear é reconhecida como um conceito universal revela toda a sua permeabilidade: movimentos de dinheiro, passagem de homens à procura de trabalho e de rendimento, transmissão de informações por satélite... Daí que, para além, das fronteiras oficiais, existam as fronteiras fluidas, móveis, diferentes de um domínio para o outro. Que pode a Geopolítica significar se continuar a ser a disciplina dos espaços fixos, bem definidos, coerentes e com uma consciência clara deles próprios? (SANGUIN, 1981, p. 34).

A geopolítica enquanto convergência de saberes, entre os quais colabora a Geografia, preocupa-se em entender e discutir as diversas rivalidades e enfrentamentos entre grupos humanos diferentes por – e entre – diferentes territórios. A geopolítica das religiões explicita na luta e rivalidades territoriais por diferentes recursos a fim de determinar sua fixação e determinação como grupo hegemônico.

Dentro da Geopolítica moderna cabe ainda conceber algumas premissas, como o direito à sobrevivência dos territórios fronteiriços, assim como entender que as sociedades culturais são desiguais, hierarquizadas de maneira distinta segundo o perfil do agente dominante. Portanto, fica patente conceber que o sujeito de posição contemporânea inferior está submetido às condições político-econômicas, culturais e organizacionais dos mais próximos em condições superiores.

> Este ponto de vista foi antecipado na famosa tese de Hegel sobre a escravidão e domínio, em pessoas ou "Eus" seria nominalmente iguais preso em uma hierarquia desigual e duradoura. A razão é que uma "consciência" só pode conhecer a si mesma através de outro, mesmo em condições radicalmente desiguais[10] (TAYLOR, 1994, p. 166, tradução nossa).

Duranti (1997) apresenta sua contribuição para o entendimento da cultura e sua delimitação conceitual. A primeira proposição analisada por Duranti apresenta cultura como um legado, algo que é passado de uma geração à outra como algo que está antagonicamente oposto as produções da natureza. Temos aí um caráter de cultura sócio-construtivista. Deignan (2003, p. 256), apresenta a dificuldade de uma delimitação do termo cultura, pois esta flui de acordo com a sociedade. Todavia, ressalta em sua obra que a cultura é alvo de interação e específica para os povos.

O senso comum apresenta o termo cultura como o conjunto de respostas de um povo ou conhecimento adquirido, sem desprezar o conhecimento coletivo, esse conceito popular aponta para uma valorização de alguns povos em relação a outros, pois é característica de distinção entre os grupos sociais, a feição acumulatória de alguns em detrimento a outros. Haveria, portanto, alguns povos mais cultos, outros menos cultos (TYLOR, 1871). Tylor (1871) define cultura como um termo "complexo que inclui conhecimentos, crenças, arte, moral, leis, costumes ou qualquer outra

---

10 Este punto de vista fue anticipado en la famosa disertación de Hegel sobre la servidumbre y el señorío, en las personas o "yoes" nominalmente iguales se verían atrapados en una jerarquía desigual y duradera. El motivo es que una "conciencia única" sólo puede conocerse a sí misma a través de otra, incluso en una situación de poder radicalmente desigual.

capacidade ou hábitos adquiridos pelo homem como membro de uma sociedade" (TYLOR *apud* LARAIA, 1986, p. 25).

Duranti (1997, p. 27) afirma que se cultura pode ser, e o é, apropriada, portanto, objeto de sedução e propagação espontânea, muito do que se entende por cultura é transformado socialmente, temporalmente e por deslocamento de espaço, em termos de entendimento de mundo. O argumento de Duranti (1997) vai ao encontro das proposições dessa pesquisa na medida em que afirma que o intento do fazer cultural é reconhecer objetos, lugares e pessoas. A cultura, ainda, pretende-se perpetuar de maneira secular, pois os membros desse grupo internamente desejam perpetuar-se; os membros inseridos nesse conjunto de saberes deveriam também compartilhar determinados padrões de pensamento e maneiras de se entender o mundo, organizados por meio de padrões observáveis.

Goodemough (1964) resume todo o conceito ao explicitar que cultura seria "(...) aquilo que as pessoas têm que saber diferentemente de sua herança biológica, deve consistir do produto final da aprendizagem: conhecimento, no seu termo mais geral (...) cultura é uma organização de coisas, pessoas, comportamento e emoções".

Desse modo, diante do processo de imposição cultural ou absorção normativa de convívio social de dois grupos sociais, tem-se sempre duas situações de reconhecimento mútuo e negação.

> Em vez de defender que a mudança social tem lugar no país, Wallerstein (1979) apresenta existência de um "sistema mundo" que atualmente tem uma extensão global. Se aceitarmos este pressuposto –de uma sociedade única- as numerosas "sociedades nacionais" se convertem simplesmente em partes de um todo, por umas determinadas mudanças sociais que sozinhas podem ser compreendidas em um contexto mais amplo de um sistema social.(TAYLOR, 1994. p. 29,tradução nossa)[11]

---

11 En vez de defender que el cambio social tiene lugar país por país, Wallerstein (1979) postulada la existencia de un "sistema mundial" que en la actualidad tiene una extensión global. Si

Esse estudo, antes de tudo, trata do internacional, do objeto cultural cambiado que passará a reger o comportamento societal de muitos por séculos. Isso posto, pode-se de maneira clara compreender ao longo do texto que cada território de contato é um novo grupo social que se pode considerar como *locus* de intercâmbio. Ainda que não existissem os 'Estados', ou o conceito do mesmo não fosse delimitado e apoderado pela cultura eurocêntrica, os territórios e sociedades se interconectavam e interagiam novas determinações e múltiplas zonas de contato.

Moodie (1975) esclarece em seu trabalho sobe geopolítica que diferentes espaços (estados ou não) mesmo que com suas linhas divisórias e limítrofes bem estabelecidas, a realidade da rigidez fronteiriça é muito mais difícil de constatar quando as unidades de cada espaço são bem definidas. Nas sociedades organizadas, ou estados organizados, a força de coesão ou unidades das partes tende a ser menor e reduzir sua capacidade de aglutinação à medida que nos aproximamos das fronteiras. Ou seja, a força aglutinadora dos ideais está ligada de modo inversamente proporcional ao afastamento dos estados em relação ao centro.[12]

> Trata-se de notável paradoxo com que depara o estudioso da Geografia Política e ajuda explicar a natureza intratável de muitos litígios sobre os limites. Explica também por que todas as linhas divisórias internacionais, exceto as impostas por força militar, constituem elementos de **transigência**(...) (TAYLOR, 1994, p. 112, grifo e negrito nosso).

---

aceptamos este "supuesto de una sociedad única», las numerosas «sociedades nacionales" se convierten simplemente en partes de un todo mayor, por lo que un determinado cambio social sólo puede ser comprometido en su totalidad en el contexto más amplio del sistema mundial (TAYLOR, 1994. p. 19).

12 No capítulo que se segue esse conceito se torna útil para entender como se tornou fluido o contato entre as comunidades africanas e o Islã.

Os Estados são diferentes internamente quanto o são nas fronteiras, o conteúdo antropogênico determina que suas manifestações fronteiriças sejam a principal falha no ímpeto de uma delimitação rígida. A necessidade de contato e a urgência nas relações de troca, a essência humana em comunicar, ou aspectos intrínsecos de dominação condenam toda risível tentativa de delimitação de um espaço à imediata mutabilidade. Com essa afirmação não se deseja, contudo, negar fatores humanos como sentimento patriótico, nacionalista ou gregário; pretende-se, porém, reafirmar a condição humana de interconectividade.

A sistematização histórica (e de troca) no presente caso, referente à chegada e expansão islâmica no continente africano pode ser claramente entendida se esse conceito for abordado e apreendido de maneira efetiva e direta. Ainda que um dos dois lados seja dominante (e o era), ambos atuavam de maneira sistêmica dando motricidade e dinâmica a vários processos internos e externos.

Assim, as sociedades de primeiro nível intrinsecamente ligadas às atividades da terra eram com atividades de um nível de complexidade mais baixo. Apresentaremos a momento os desdobramentos do contato de uma a sociedade africana (de primeiro nível), e a sociedade Árabe (de segundo nível, voltada para a prática de comércio ou troca de produtos) mais complexa naquele período. Com base nisso, quem seguramente pode afirmar que o contato da sociedade comercial árabe, dita de sistema de segundo nível, não colaborou por favorecer a chegada do fazer cultural islâmico?

> O 'minissistemas' é a entidade que se baseia em um modo recíproco da produção e da linhagem. É o principal modo de produção e baseia-se em atividades não especializadas. A produção é realizada pela caça, recolhimento ou uma agricultura rudimentar; o intercâmbio entre os produtores é recíproco e idade e gênero são o princípio fundamental de organização. Os minissistemas são famílias ou grupos de parentesco de tamanho reduzido de caráter local, e duram apenas algumas

gerações antes da sua destruição ou dispersão. Houve inúmeros minissistemas deste tipo; mas nenhum sobreviveu até hoje, porque todos eles foram substituídos e integrados em sistemas globais maiores.[13] (TAYLOR, 1994, p. 19, tradução nossa).

Pode-se então afirmar que o encontro entre as civilizações árabe e africana, depois islâmica e africana, além de toda confluência de sistemas históricos, é também caracterizada por ser de sistemas social/comercial, uma vez que a característica primordial da sociedade árabe é o câmbio pelo comércio e o africano explicitamente de nível menos estratificado ligado às atividades da terra. Nesse caso, o primeiro grupo traz parte de um processo evolutivo e o segundo oferta seus produtos não numa mesma posição passiva, mas, sobretudo, sociocultural interacionista.

O documento cartográfico elaborado por Gorostegui (2009), mapa 1, apresenta um contexto africano narrado por Wallestein (1974), com rotas de comercialização árabe de diferentes produtos, ouro, peles, tecido e especiarias.Não por acaso existe possivelmente uma relação entre o número proporcional de localidades convertidas em razão das rotas de comercialização. Chauprade (1996, p. 308) afirma que na África Ocidental, a penetração do Islã não ocorreu de maneira tão difícil e às vezes sangrenta como na África Oriental. A barreira do Saara, prorro-

---

13 El minisistema es la entidad que se basa en un modo de producción recíproco y de linaje. Es el modo de producción primario y se basa en una escasa especialización de las actividades. La producción se efectúa mediante la caza, la recolección o una agricultura rudimentaria; el intercambio entre los productores es recíproco y la edad y el género constituyen el principio fundamental de organización. Los minisistemas son familias extensas o grupos de parentesco de tamaño reducido cuyo rango geográfico es fundamentalmente localy perduran solamente unas cuantas generaciones antes de su destrucción o dispersión. Han existido innumerables minisistemas de este tipo; pero ninguno ha sobrevivido hasta nuestros días, porque todos han sido sustituidos e integrados en sistemas mundiales mayores (TAYLOR, 1994, p. 19).

gado pelo deserto da Núbia, pode muito bem ser considerada um mar mais intransponível do que o Mar Vermelho, que separa o mundo árabe da África. Desde os tempos romanos, os intercâmbios entre as populações subsaarianas e populações negras dos berberes do Norte da África são atestados. No início da era cristã, Berberes ou Tuaregs do já possuíam a maior parte do comércio da região graças ao uso do camelo.

Mapa 1 – África: rota de comércio árabe pré-islamização.

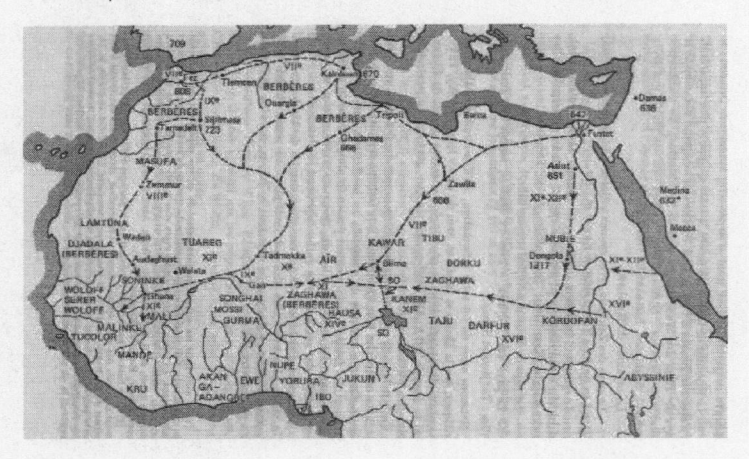

Fonte: Gorostegui (2009, p. 10).

O Islã, todavia, acelerou enormemente o fenômeno e transformou, e até regularizou as relações de trocas comerciais. Destacam-se duas razões principais para esta aceleração: a civilização islâmica trouxe vitalidade ao Saara do século VIII; e a possibilidade de câmbio financeiro dos peregrinos a um grande centro econômico, Meca.

Segundo Chauprade (1996) o Islã, entrou na África ocidental através do comércio. Sendo convertida até mais rapidamente que a parte oriental. O motivo dessa diferença no processo de fixação religioso foi que até o século XIII a região nordeste da África permaneceu dividida em denominações rivais.

2.2. RELIGIÃO E IDENTIDADE

Identidade contempla, em si, vários outros conceitos e, por conseguinte, pode trazer consigo várias associações e derivações mantendo-se ainda a essência do conceito. Por Identidade Cultural, associamos as características do conceito de Identidade, singularidade ou aquilo que destaca o ser ou grupo de seres dos outros, associando ainda ao adjetivo cultural ou conjunto de respostas para as perguntas do cotidiano (GOODERNOUGH, 1964).Portanto, a justaposição dos termos caracteriza um grupo social que se distingue dos outros pelo conhecimento, ou desconhecimento de algumas características da vivência de mundo. As questões propostas nessa pesquisa apontam para uma discussão da formação de sociedades influenciadas por um rearranjo estrutural; lugar, gênero, etnia, história, nacionalidade, idioma, tratamento com as questões divinas, crença religiosa e posicionamento social.

Seja no âmbito da percepção particular, de âmbito interno, seja de grupo da identidade, foco dessa obra, a identidade cultural estabelece um papel de limitador fronteiriço ao delimitar as diferentes características, ou formas de comportamento padrões de convívio e conduta e ainda as características essenciais e díspares de cada agrupamento político/social. Se a cultura conta prioritariamente com fatores do legado genético cultural (GOODERNOUGH, 1964, p. 37) e ainda por conservação da tradição, suas mudanças e guinadas históricas conta por assim dizer com o contato com outros grupos e ligações por modismos culturais. A preservação identitária conta também por fatores que caminham na contramão das inovações técnicas e tecnológicas e ainda do fluxo temporal. No passado, a preservação das identidades era, contudo, facilitada pela dificuldade de translado e limitação no contato entre grupos distintos, a fronteira dava-se facilmente pela distância.

Para Santos (1996, p. 273), existe uma positividade no choque de culturas, uma vez que o conhecimento, a tecnologia e a técnica se renovam pelo mesmo. Assim, a sobreposição, ou a interposição de culturas, garante por prevalência de uma delas, ou por amálgama, a renovação do conhecimento. Segundo Santos (1996), somente esse choque cultural garante a preservação das identidades culturais, o conhecimento e o saber, a renovação de uma cultura é o somatório daquilo que já existia com todo o novo sobrevivente e aceito depois de choque.

Stuart Hall (1999), em seu trabalho sobre grupos identitários, acrescenta que uma identidade cultural marca e explicita de maneira destacada as semelhanças correlacionadas a toda inserção a determinadas particularidades culturais, político-raciais, interétnicas, comunicativas, nacionais, tribais ou religiosas. Em Hall (1999), a noção de identidade cultural está ligada ao sentimento de nação e a ele, a formação de um Estado. Logo, se alterado por qualquer inserção de novos elementos identitários, pode ser alterador de maneira marcante essa estrutura social que, para o autor, trata-se antes de tudo de um sistema de representação cultural, de identificação coletiva nacional. Assim, o contato de uma cultura monoteísta com diferentes orientações e grupos predominantemente politeístas representa o descentramento, desarranjo identitário, onde os deslocamentos referenciais como o conceito de deidade e a ausência de referentes fixos, tangíveis e muitas vezes palpáveis, para os grupos, alteraram toda uma ideia de nação.

Rosendahl (2002) apresenta a ligação direta entre religião das diferentes sociedades humanas e o território a que pertencem. Para ela, não é possível dissociar religião e sociedade. Seja nos altares de âmbito doméstico ou em grandes manifestações coletivas, ou mesmo diante das tragédias, o espaço de vivência influencia nas manifestações religiosas e na manifestação do sagrado (ROSENDAHL, 2002, p. 27).

> A presença do sagrado na vida urbana é bastante forte, porém, difícil de mensurar. Nas cidades mais antigas a religião estava em toda parte. À medida que as principais atividades da vida social se libertaram da influência religiosa, o nú-

mero de espaços sagrados foi reduzido, enquanto outros permaneceram. Como reconhecer a intervenção humana no controle do sagrado, em especial nas cidades santuários? Como apreender as especificidades espaciais existentes nos centros de peregrinação? (ROSENDAHL, 2002, p. 37)

Assim, torna-se importante detalhar as características de ação da chamada 'religião urbana' Islã, e sua atuação no chamado continente Africano.

3. CONTEXTO DA EXPANSÃO ISLÂMICA

O objetivo desse capítulo é apresentar um processo de elucidação histórica, econômica, cultural e religiosa, que embora complexo, apresenta-se relevante na compreensão das proposições dessa pesquisa. Na diferenciação corrente entre economia-mundo e Impérios-mundo, proposto por muitos autores, como Caillé (1988) e Braudel (1989), propõe-se no que tange às características africanas três posicionamentos analíticos:

- O centro: Península Arábica de onde emanam as determinações e proposições em primeiro momento das atividades e o fazer cultural muçulmano.
- A semiperiferia: apresenta-se mais complexa e pulverizada. Embora se compreenda que cada região islâmica de novo contato pode ser entendida como periférica, e sua antecessora fronteiriça como semiperiférica, esta semiperiferia estava pulverizada por diferentes espaços se analisarmos todo o período proposto para essa obra (séc. VII-XV).
- A periferia: é a periferia de contato comercial, cultural, religioso, que será sempre o próximo *locus* de aspiração, sempre um território de tensão e desejo.

Pela nomenclatura de caráter hegemônica que centraliza o sistema-mundo como sendo algo enraizado no capitalismo, proposta em meados do século XVI, ela não sendo a única forma teórica de explicar a expansão islâmica em África, não pode ser considerada a única. Pensar em um sistema-mundo excludente de outros espaços significa ao mesmo tempo ao dizer que todo o planeta cooptava de uma mesma economia, e incorrer nesse argumento generalista pela essência é embasar-se em um erro, ignorando grandes espaços pelo mundo – inclusive reinos africanos – e Impérios desconectados. Braudel e Wallerstein (1974) apresentam o conceito de Império-mundo que são complexos e relativamente fechados de divisão internacional de trabalho.

O que as diferencia, explica Braudel e Wallerstein, (1974) é que, no caso dos Impérios, o campo de divisão do trabalho e o raio de extensão das trocas estão quase perfeitamente adequados a um sistema de dominação política e cultural. Ao contrário, é o desvio – hiato, por assim dizer – entre a dimensão internacional da lógica comercial e a estruturação nacional da dominação política que confere sua especificidade à economia mundo. Unificada economicamente, ele revela-se irradiante no plano político.

Mapa 2 – Expansão Islâmica Séc VII – IX
Expansão Islâmica Séc VII – IX

Fonte: Elaborado com base em Bíssio (2012), Demant (2004) e Lopes (2006).

Essa pesquisa não contempla a distinção de cada grupo tribal em um território tão díspar como o africano. A análise versa de maneira contextual dentro do conjunto-mundo, no qual se formou pela presença do elemento corânico a reavaliação, ou por que não, reestruturação de um centro, uma periferia, e uma zona intermediária. Sociedades inteiras ganharam nova importância, algumas revalorizando-se, outras se transformando e periferia.

O esclarecimento dos efeitos sociais e econômicos pertinentes que implica a pertença a um dos três círculos, não restará dúvida de que ali não haverá instrumentos teóricos poderosos e indispensáveis. Ninguém pode duvidar de que a singularidade histórica do Ocidente toma raízes no aparecimento simultâneo da figura do Estado-nação e de uma ordem econômica "desencravada" da ordem social. Resta, ainda, que essa distinção entre os Impérios e economia mundo, se é esclarecedora, deverá ser pensada se pretende superar o estádio da simples contratação.

Aqui não optar-se-á pela chamada associação espúria. A teoria dos ciclos econômicos de Wallerstein é o melhor modelo encontrado para explicar como os territórios ocupados pela comunidade latente do Islã. Ainda que surgida mais de doze séculos depois do início do Islã, a contribuição de Wallerstein (1974) foi aqui absorvida para não comparar essa expansão aos ciclos econômicos, mas para torna o processo em África passivo da aproximação de entendimento.

Nessa organização em três zonas de importâncias ou ciclos de influência de Wallerstein (1974), oferece-nos uma possibilidade analítica pertinente para o território africano ao contato com o mundo islamizado. O posicionamento proposto é tão fundamental quanto simples, Caillé em Braudel apresenta um mundo dividido e hierarquizado (centro, zona intermediária e periferia), na qual a partir do centro têm-se a perda de importância na medida em que se avança de maneira linear.

O território conquistado pelo sedutor conjunto de novas práticas religiosas e posturais, ou o dito fazer cultural islâmico, se torna (pois já foi ocupado) menos importante que o próximo. As bordas ou já ditas fronteiras, zonas de efervescência são além do espaço de disputa e contato, zonas de atração. Todavia, em se tratando de economias culturais e avanço territorial, principalmente em uma concepção islâmica onde o nós (os de dentro) e o outro, é tão marcante, não se relegou a um plano secundário, aquele que haveria de ser conquistado (convertido). Assim, próxima aquisição rumo ao território a ser convertido sempre se mantinha como meta. Verdadeiramente nesse contexto, o outro, ou periferia ganha imediato destaque. Posto isso, o caráter islamizante urbano é evidenciado e latente.

Figura 1 – Islã em África: fluxo de perda de importância islamizante.

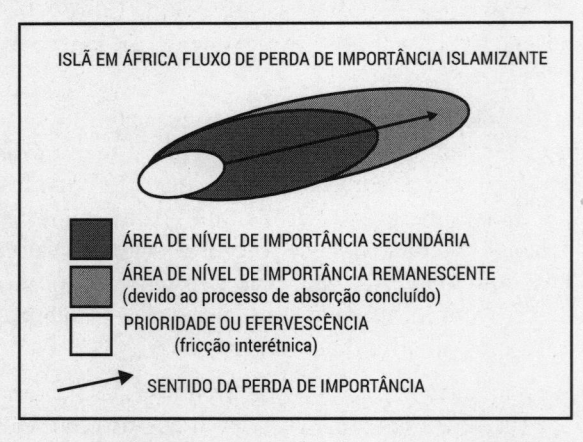

ISLÃ EM ÁFRICA FLUXO DE PERDA DE IMPORTÂNCIA ISLAMIZANTE

ÁREA DE NÍVEL DE IMPORTÂNCIA SECUNDÁRIA
ÁREA DE NÍVEL DE IMPORTÂNCIA REMANESCENTE
(devido ao processo de absorção concluído)
PRIORIDADE OU EFERVESCÊNCIA
(fricção interétnica)
→ SENTIDO DA PERDA DE IMPORTÂNCIA

Fonte: Elaboração própria a partir de Wallestein (1974).

FIGURA 2 – Islã em África: relação força x ganho de importância islamizante.

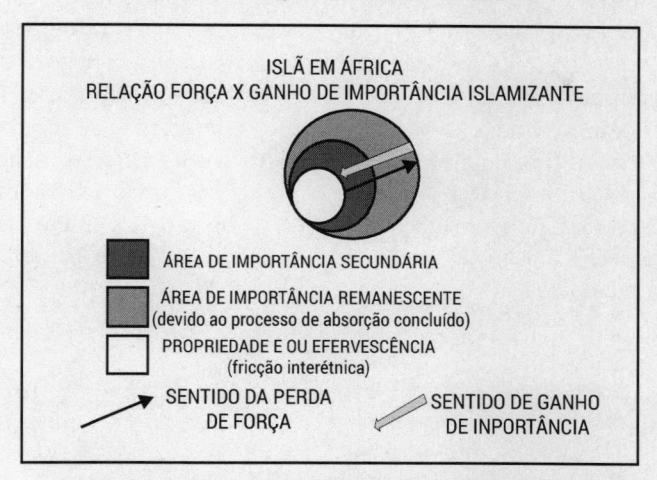

ISLÃ EM ÁFRICA
RELAÇÃO FORÇA X GANHO DE IMPORTÂNCIA ISLAMIZANTE

■ ÁREA DE IMPORTÂNCIA SECUNDÁRIA
▨ ÁREA DE IMPORTÂNCIA REMANESCENTE
(devido ao processo de absorção concluído)
□ PROPRIEDADE E OU EFERVESCÊNCIA
(fricção interétnica)
→ SENTIDO DA PERDA DE FORÇA
⇒ SENTIDO DE GANHO DE INPORTÂNCIA

Fonte: Elaboração própria a partir de Wallestein (1974)[14].

O fluxo e o contrafluxo não apresentam em si sentido antagônico nem desigual. A importância representada na figura pode ser entendida como força religiosa, ou ampliação no número de adeptos, enquanto o sentido de perda de força, que motiva por sua vez a ampliação representa a força da apreensão das palavras do profeta e associação direta ao número de aderentes.

A. O ISLÃ GLOBALIZANTE

Sabe-se que o Islã como religião de contato, ou de embate, é dotado de um grande número de denominações religiosas. Os muçulmanos reconhecem duas divisões principais: sunita e xiita. O termo sunita deriva de *sunnah*, ou caminho, por isso vem como "o povo do caminho". Constituem a maioria muçulmana e descrevem-se como ortodoxos. Acreditam nos quatro primeiros califas sucessores do profeta Maomé. Para

---

14 Análise de Fricção cultural ou Fricção interétnica.

os sunitas, esses primeiros quatro califas foram os legítimos e *probos*. Segundo a convenção, os sunitas pertencem a uma das quatro Escolas de Pensamento, que oferecem diferentes interpretações da lei e da jurisprudência islâmica, colaboraram ativamente na constituição do livro sagrado, o Corão, e efetivaram uma religião que se não é somente uma das maiores do globo, de maneira latente tem em sua essência o caráter globalizante (SARDAR, 2010, p. 24). Foi o próprio Maomé, buscando defender seus seguidores, quem os colocou em marcha para Abissínia,[15] dando ainda no alvorecer da fé caráter de motricidade a seu culto religioso (CHAUPRADE, 1996, p 25).

---

15 O porta-voz dos refugiados era Jafaar, filho de Abu Talib e irmão de Ali. A resposta ao possível algoz do Estado monárquico de Abissínia, ao negus, rei da antiga Etiópia é considerada por Ziauddin Sardar como um marco na história do Islã em África. Concordamos que tal defesa seja verdadeiramente um marco, pois representa um discurso feito imediatamente em território internacional a península Arábica. Simboliza uma das primeiras evidências de islamização africana, o detalhamento suscinto da substituição assumida do sistema religioso animista pelo Islã monoteísta e organizado.

A DEFESA DE JAFAR

"Ó majestade", começou Jafaar, "estávamos mergulhados na profundeza da ignorância e do barbarismo, adorávamos ídolos, vivíamos sem moral, comíamos cadáveres e falávamos abominações, desconsiderávamos todos os sentimentos de humanidade e os deveres da hospitalidade e vizinhaça, só conhecíamos a lei da força. Então, Deus fez surgir entre nós um homem de cujo nascimento, veracidade, honestidade e pureza tínhamos conhecimento. Ele nos chamou para a Unidade de Deus e nos ensinou a nada associar a Ele. Proibiu-nos de cultuar ídolos, ordenou que falássemos a verdade, que fossêmos fiéis às nossas responsabilidades, piedosos, e considerássemos o direito do próximo. Proibiu-nos de falar mal das mulheres ou de privar órfãos de seus direitos. Ele nos ordenou que fugíssemos do vício e nos abstivéssemos do mal, que fizéssemos orações, caridade, e observássemos o jejum".

Com o falecimento de Maomé, surgiram as contendas sobre quem deveria liderar a comunidade muçulmana, o que deu início à discórdia e o surgimento de uma contenda secular. Na falta de um herdeiro, surgiu uma divisão que perdura até hoje. Parte da comunidade acreditou que Maomé transmitiu seu legado e, portanto, a direção da religião, à comunidade muçulmana à sua volta. Foi com base na aprovação dessa comunidade que Abu Bakr, amigo íntimo e um dos primeiros convertidos ao Islã, se legitimou como o primeiro califa islâmico, o sucessor legítimo de Maomé (SARDAR, 2010).

Ressaltamos esse fato tantas vezes narrado e com vasta literatura, pois esse é um grande momento para a dita religião globalizante LLOYD (2011). Abu Bakr era forte emissário do corão e reinos islâmicos como o de Bagdá, Cairo e Córdoba iniciaram seu período áureo a partir de sua orientação. Os reinos experimentaram, ao fim do século VII, uma efervescência de ideias e invenções agora unidas por uma única religião e pela língua comum o árabe. Essas cortes aglutinaram, em seu bojo, tecnologias e conhecimentos de lugares distantes, como a China, no extremo oriente, Espanha e França, no ocidente, em um processo que influenciou todos os lugares, ajudando os exploradores futuros a desenvolver ferramentas para a conquista global. Às vezes o intercâmbio de ideias se dava pela guerra, como a transmissão do conhecimento para a produção do papel[16]; outras vezes, pelo comércio e até mesmo norma-

---

16 No início do século XIII, possivelmente no primeiro ano, o mercador italiano Leonardo Fibonacci viajou para Argel, no Norte da África, para ajudar no *funduk* (entreposto comercial) de seu pai. Viu em África o uso do papel e numerais ao invés do ábaco. A ideia viera da Índia via Bagdá. Eles mostraram como dispor os símbolos para permitir cálculos rápidos, e acrescentaram o zero para representar um valor nulo. Assim, com aqueles dez dígitos, qualquer número podia ser escrito.

Após ver os mercadores argelinos usando o sistema, Fibonacci achou que os colegas italianos também deveriam aproveitar ser

tizando a geometria e a engenharia. Nessa época, portanto, uma nova forma (leve e prática) de transmissão e manuseio de informações passava a circular facilmente, o mapa era uma nova ferramenta de conquista (SARDAR, 2010, p. 24).

Essa profusão de conhecimentos possibilitou um avanço muçulmano em todos os campos, destacando-se as navegações. Maomé havia estipulado que, nos momentos de orações, todos os muçulmanos deveriam se voltar para Meca, logo tecnologias como esquadros, lunetas, astrolábios passaram a ser imprescindíveis na construção das mesquitas. A bússola oriunda de solo chinês ganhou status de amuleto. A *qibla,* ou santuário, que de primeiro momento apontava para Jerusalém, e depois com a resistência a conversão dos Judeus passou a ser indicada para Medina deve sua exatidão de orientação por todo o norte da África e o Mediterrâneo à globalização científica da época.

Aqui, sem ser necessária a separação entre Árabes e muçulmanos, salientamos o forte intercâmbio entre Árabes e chineses propiciando e favorecendo novas rotas para o comércio. Bíssio (2012) apresenta grande proximidade entre essas duas potências sem destacar maior proximidade com os europeus. Pelo contrário, sem querer aprofundar na questão, não há entre essa formação de eixo comercial um destaque a ser menciona aos povos do norte Mediterrâneo.

O estabelecimento destas rotas, a ser aprofundado mais adiante, propiciou o fortalecimento em primeiro lugar dos Chineses, depois dos Árabes e por que não do continente africano em sua vertente nordeste e noroeste.

---

potencial. O *Liber abaci*, seu livro publicado em 1202, apresentou novos numerais ao Ocidente cristão. Mostrou como os algarismos arábicos poderiam transformar tudo, da contabilidade ao calculo dos juros e câmbio. Tamanho foi o sucesso dessa inovação que, após duzentos anos, a maioria dos mercadores e banqueiros italianos abandonara seus hábitos antiquados e se convertera completamente à aritmética, usando tinta, pena e papel.

O Islã dos primeiros tempos, concordam inúmeros autores entre eles Bíssio (2012), Lopes (2006), Demant (2004), M'Bokolo (2006) que até nos processos bélicos ou períodos de guerra o povo muçulmano incorporou saberes e processos tecnológicos. Desde o formato dos estribos, a liga de metal chinesa, até os vencedores cavalos persas das batalhas em uma península Ibérica islâmica aponta para as origens de uma cultura medieval[17] europeia fruto desse câmbio cultural num período de choque entre os muçulmanos e cristãos.

O assentamento de soberanos muçulmanos na Europa, especificamente península Ibérica e na Sicília, estimulou por assim dizer a competição entre as civilizações cristãs e muçulmanas. Para além da disputa pelo controle de Jerusalém, as expedições ao Império otomano, norte da Europa e extremo oriente, foram extremamente promissoras no campo da ciência cultura e tecnologia.

Dos povos ocupantes da África setentrional destacam-se o grupo fatimida ou xiita[18] (LOPES, 2006.). A denominação xiita significa seguidores. Na contenda pela sucessão do profeta, esse grupo foi partidário de Ali, primo e genro do profeta Maomé. É suficiente dizer que, estritamente falando, os sunitas rejeitam a ideia de um clérigo. Os xiitas, por outro lado, têm um clero altamente organizado. Se comparado ao cristianismo, neste grupo muçulmano há equivalente a bispos e até ao papa – o grande aiatolá. A comunidade xiita tem uma série de divisões, a

---

17 Quando Guilherme VIII da Aquitânia capturou um grupo de atraentes escravas sarracenas no Cerco Basbastro, em 1064, gostou tanto de suas canções que se inspirou para escrever seu próprio poema de amor. Guilherme mais tarde tornou-se o fundador do movimento trovador francês, um grupo de cantores e poetas itinerantes que encantaram os cruzados cristãos com suas canções sobre guerra, romance e amor cortês. Se as canções dos trovadores estão na origem da tradição musical da Europa Ocidental, suas raízes mais prováveis repousam no mundo muçulmano.

18 A vertente dos xiitas concentra-se no Irã e Iraque.

maioria da vertente dos "Doze Imãs". Uma minoria é ismaelita[19],

---

19   Ismaelita *adjetivo* e *substantivo de dois gêneros*
A).diz-se de ou descendente de Ismael, filho do patriarca Abraão e sua concubina Hagar, segundo o Antigo Testamento.
B).relativo aos ismaelitas ou indivíduo de qualquer tribo ou povo antigo do Oriente Médio considerado descendente de Ismael.
Ou ainda:
1. Filho de Abraão e de Hagar, a serva de Sara (Gn 16.11 a 16). Hagar tinha saído da casa de Abraão por causa de uma questão com Sara. Apareceu-lhe o anjo do Senhor, que lhe ordenou que voltasse para junto de seus senhores, revelando-lhe ao mesmo tempo que de Abraão ela havia de ter um filho, ao qual daria o nome de ismael. Foi também declarado que ele seria um homem bravo e feroz, cuja 'mão será contra todos, e a mão de todos contra ele'. obedecendo à ordem angélica, voltou Hagar para sua casa e teve ismael, justamente treze anos antes do nascimento de isaque. Anos mais tarde, Sara, irada por causa da zombaria de ismael, induziu Abraão a expulsar de casa tanto o filho como a mãe (Gn 21.14). Hagar e ismael andaram errantes pelo deserto de Berseba, sendo miraculosamente salvos quando estavam na mais aflitiva situação– e recebeu Hagar a promessa divina de que ismael havia de ser o pai de uma grande nação. A Mãe e a criança habitaram no deserto de Parã, tornando-se aí ismael um hábil frecheiro, habituado à fadiga e às privações. Sua mãe o casou com uma mulher egípcia, de quem teve doze filhos (Gn 25.13) e uma filha, Maalate, ou Basemate, que casou com Esaú (Gn 28.9– 36.3). os descendentes dos doze filhos de ismael formavam doze tribos de árabes, subsistindo ainda alguns dos seus nomes. É interessante a observação de que Maomé afirmava ser descendente de ismael em linha direta. Assim como ismael tinha estado presente no funeral de Abraão, juntamente com todos os outros filhos do patriarca, assim também ele foi sepultado na presença de todos os seus irmãos (Gn 25.18). 2. Um descendente de Saul por Meribaal (Mefibosete) (1 Cr 8.38– 9.44). 3. o pai de Zebadias (2 Cr 19.11). 4. Filho de Joanã, que ajudou Joiada a colocar Joás no trono de Judá (2 Cr 23.1).5 Um sacerdote do tempo de Esdras. Foi um dos doze que foram obrigados a repudiar as suas mulheres estrangeiras (Ed

e possui uma interpretação mais esotérica do pensamento xiita. (SARDAR, 2010, p. 71).

> Os povos conquistados podiam praticar o cristianismo ou o judaísmo se quisessem. Até as crenças politeístas e xamanistas eram toleradas. Entretanto, todos os não-muçulmanos tinham de pagar um imposto (*jizya*). O incentivo fiscal pró-conversão foi um motivo poderoso para o Islã logo se tornar a religião não apenas da classe dominante, mas também das massas. Mesmo assim, muitos governantes desencorajaram as conversões, temendo perder receitas importantes, o que indica que a imensa popularidade do Islã se explica em grande parte pelo poder da mensagem religiosa subjacente. (BISSIO, 2012, p. 111)

Os pilares corânicos, pela sua praticidade, facilidade de apreensão e inflexibilidade interpretativa, estavam à mão além de que dava esperanças de vida eterna no céu. Estados islâmicos podiam ser criados com base nas leis expostas no Alcorão (a chamada Shariah), para um povo iletrado existiam instruções para tudo, desde hábitos alimentares, higiene pessoal até o casamento. Códigos de convivência e normatização civis tratavam de questões de lei e ordem, convívio familiar e festas religiosas. Outras práticas conjuntas e coletivas como o jejum do Ramadã, de um mês de duração, eram sempre com tolerância para crianças, idosos e neófitos.

A repetição como ferramenta didática era aplicada a todos. Tanto a higienização com a mão esquerda (impura), a prática cotidiana de esmolas, quanto às orações cinco vezes ao dia

---

10.22). 6. Filho de Netanias, e assassino de Gedalias. Este ismael parece ser descendente dos reis (Jr 41.1). A sua vil conspiração e a maneira infernal como foi posta em prática, tudo isso se acha descrito em 2 Rs 25.23 a 25– Jr 40.8 a 16– 41.1 a 18. ismael e seu partido foram perseguidos e vencidos por Joanã, que igualmente tomou as suas mulheres, navios e eunucos. Mas ismael com uma parte da sua companhia pôde escapar, fugindo para as terras de Amom. Depois deste fato deixa de ser mencionado na Bíblia.

faziam que o pensamento em Alá, o Deus único e verdadeiro fosse reforçado pela comunidade inteira durante o dia, do nascer ao pôr do sol. As exibições públicas de envolvimento religioso e de devoção fizeram na maioria dos lugares de contato com que as comunidades se convertessem aos bandos talvez por pressão ou mesmo por instinto grupal.

Podemos sinalizar que o lastro para a fixação dos preceitos corânicos em África foi instituído pela migração pendular de cunho comercial. O câmbio de peles, ouro e especiarias na parte setentrional propiciou não só a facilitação para o contato cultural com um menor choque, atritos ou a fricção interétnica, quanto propiciou a expansão islâmica para além das três esferas propostas por Demant (2004), que são i) a Indonésia; ii) a Índia ou subcontinente Indostânico; iii) a África. O mapa 3 ilustra bem a questão da expansão.

> A islamização da África lembra mais a da Indonésia do que a do Oriente Médio ou da Índia: ela se difundiu muito mais pelo comércio, pela migração e pela influência pessoal de professores e místicos do que propriamente pela conquista militar. A expansão do islã no continente africano começou tarde a seguir três direções: do Magreb ela atravessou o Saara e alcançou a África ocidental, trazendo a tradição malikita; rio Nilo acima, foi do Egito para a África setentrional-oriental; por fim mercadores do Iêmen e Omã e migrantes do subcontinente indiano fundaram assentamentos no litoral da África oriental e, dali, estabeleceram a presença muçulmana no interior – incluindo alguns xiitas. De todas essas direções, tal penetração continua até nossos dias (DEMANT, 2004, p. 74).

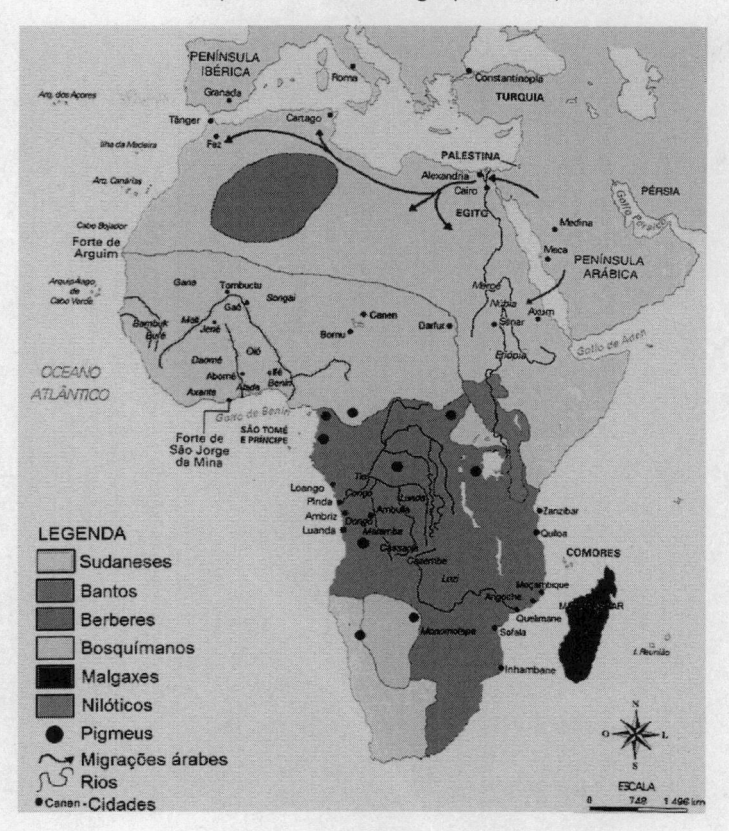

Figura 3 - Mapa 2 - Rotas de migração árabe, 100 a.C.

Fonte: Elaboração própria a partir de Lopes (2006).

FIGURA 4 – Mapa 3 – A expansão do islã em África até 1800.

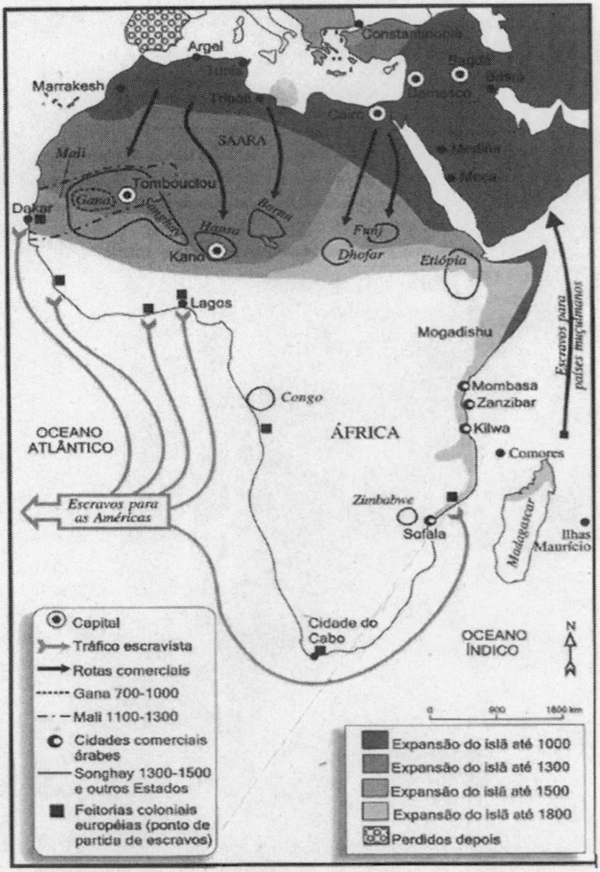

Fonte: Demand (2008, p. 75).

O argumento dessa obra é contrário à proposição de Demant (2004) em seu último argumento, o de que "de todas essas direções, tal penetração continua até nossos dias" (p.98). Pretende-se demonstrar, nesse trabalho, que houve perda do ímpeto expansionista na região da África centro ocidental, ou região do golfo de Benin, explicitada tanto por Bíssio (2012), quanto por Lopes (2006) e M'Bokolo (2009). Tais africanistas concordam com Demant (2004) em três eixos de deslocamento. Todavia apontam um direcionamento setentrional como prioritário seguindo de maneira direta rumo ao litoral Atlântico.

Duby (2007) apresenta a Europa dos séculos XV, XVI e XVII, embora distante de um perfeito ajuste, com toda evidência, já obedece a ritmos de conjunto a uma ordem. Mostra que o mercado de cereais aparece unificado desde o século XIII, com base em séries inglesas.

Para efeito de comparação de envolvimento e contato entre o Velho Mundo por todo o traço histórico, toma-se a Europa como exemplo, associando sua interação com o continente africano, e propõe-se a mesma comparação com o Oriente Médio, há uma evidente e pujante dianteira árabe de cerca de 1.700 anos. Esse lapso de mais de dezessete séculos, marcou significativamente o continente africano. A penetração efetiva dos europeus deu-se somente após as grandes navegações no século XIV. Nesse período, enquanto o europeu circundava a África estabelecendo uma rota triangular[20] com Índia e Oriente Médio, os árabes já haviam adentrado no continente criando primeiramente múltiplos pontos de contato e, tal contato prévio obviamente facilitou o intercâmbio cultural, potencializando a ampliação das relações sociais e, por conseguinte, estados predominantemente convertidos.

Todavia, Lopes (2006) afirma que o ingresso do Islã se deu primeiramente de maneira violenta com lutas sangrentas e choques culturais historicamente consideráveis. Não há entre os dois argumentos divergência ou qualquer incongruência. Há, contudo, um hiato no entendimento da história da islamização africana. O que se pode perceber é uma diferença de análise, enquanto a primeira argumentação analisa pelo viés religioso cultural, Lopes (2006) apresenta uma estrutura universal de Estados embrionários.

---

20   Para mais consultar LIMA, 2015.

Muitos são os autores que ressaltam episódios em que a ufania religiosa exacerbada e o orgulho dos conquistadores, levaram os árabes a quererem desprezar os pagãos e a deixá-los viver submissos ou escravos, ou apresentar-lhes opções pouco plausíveis, entre a servidão compulsória, a conversão ou a morte pela espada [21]. Assim, essa condição nos abre um capítulo pós-introdutório onde se trabalham diversos conceitos para ampliação dos conhecimentos que sustentam a argumentação sobre o tema, destacando entre eles, a Geopolítica da Religião, fronteiras e sufismo.

Dentro da estrutura dos núcleos organizacionais africanos ainda que o conceito de estado não houvesse sido concebido, ou para se utilizar um termo eurocêntrico, pré-*westfalianos*, encontra-se convertidos em todas as classes sociais, seja para fugir da servidão compulsória[22] ou a morte em classes inferiores, seja para domínio, ampliação do comércio ou *status* social elevado em classes sociais médias e superiores.

Assim, pela própria característica da religião (gregária, emancipatória, coletiva), no intuito de perpetuar-se e na grande maioria dos casos expandirem-se, é possível identificá-la como possuindo feições semelhantes ao Estado. Não é, pois, esse mesmo ator internacional o principal agente das relações internacionais? Para Portillo (2008), a expansão no número de fiéis não se trata somente de aumentar em si o valor absoluto, isso teria menos importância num âmbito intraterritorial, mas para aqueles que lideram um grupo religioso a expansão geográfica é primordial no sentido de ampliar a influência que estes possuem no sentido de dominar um grande número de territórios.

---

21 Puede compararse al movimiento de la naturaleza, a veces violenta como un tornado y otras suave 'como una brisa.

22 É proibido ao muçulmano, pelos preceitos corânicos, escravizar outro muçulmano.

Religião, em princípio, está associada com a relação entre o homem e a divindade, a comunicação é estabelecida com Deus, ao temor ao mesmo como estar em contato com Ele. No entanto, a prática religiosa como tal é feito em grupos na sociedade. Isto permite a diferenciação entre os diferentes grupos humanos de acordo com a religião que eles são seguidores. Como diferentes grupos humanos com suas práticas religiosas, ocupam territórios, e são parte integrante do espaço geográfico, interagir uns com os outros, resultando em rivalidades de poder. Estas rivalidades religiosas particulares têm uma especificidade espacial[23]. (PORTILLO, 2008, p. 8, tradução nossa)

Ainda assim, para analisar e compreender um fenômeno de embate entre grupos específicos, para além de compreender o posicionamento dos lados, é preciso conhecer as bases físicas e estruturantes, que por sua vez podem atuar como fortes influências ou determinantes para a configuração ou decisão do conflito. Em África, a expansão do Islã contempla todas essas premissas de comportamento estatal além de posicionar-se como latente propulsor externo de mudanças e aglutinador ideológico e social.

A referência para a delimitação temporal está também na obra de Lopes (2006). Muito mais que uma idiossincrasia, a chegada dos europeus no século XV não só inaugura um novo período em África quanto modifica completamente as feições e o fluxo expansionista. Essa investida europeia marca o início das grandes navegações e o fim da antiguidade africana.

---

23 La religión, en principio, está asociada a la relación entre el ser humano y la divinidad, a la comunicación que se establece con Dios, altemor mismo que se le tenga a él. Sin embargo, la práctica religiosa como tal se hace en grupo, en sociedad. Esto permite diferenciar a los diferentes grupos humanos según la religión a la que son adeptos. Como los diferentes grupos humanos, con sus prácticas religiosas, ocupan territorios, y son parte integrante del espacio geográfico, al interactuar entre sí dan lugar a rivalidades de poder. Estas rivalidades tienen uma determinada especificidad espacial religiosa.

ISLÃ, Advento do. A adoção progressiva do Islã em cada uma das regiões africanas a partir do século VII D.C. delimita, para os fins desta obra, o final da Idade Antiga nessas regiões. Assim, estabelecemos (cf. Appiah e Gates) a seguinte sequência aproximada para o início do processo de islamização, nas várias regiões do continente, **até a chegada das primeiras expedições europeias** – evento histórico que, por sua vez, é outro marco do término da Antiguidade para cada região onde ocorreu: a) século VII – Norte nordeste da África; b) século X – Somália e litoral do Índico; c) século XI – Nigéria setentrional, Mauritânia, Senegâmbia; d) século XIV – Nigéria central; e) século XVI – Chade; f) século XVIII – Magreb, Somália e Núbia." (LOPES, 2006, p. 147).

É possível nesse contexto migratório, pelo contato de atores tão diferentes, do fazer islâmico para povos não árabes, retomar por outro prisma de análise o argumento da diferenciação vocacional, se há realmente religiões das savanas e religiões do deserto?

Por se tratar em muitos momentos de aspectos sociais econômicos e culturais marginais para o período, essa pesquisa pode ser incluída no âmbito de agentes ausentes, não só pelo caráter de mudanças contínuas e interações espaciais, culturais e díspares pela lógica da força, mas pelo que ressalta Santos (2013) em seu trabalho sobre transição de paradigmas.

B. HISTORICIDADE DOS CONTRASTES IDENTITÁRIOS

Segundo Antonini (2013), a tomada do continente africano pelos muçulmanos seguiu duas diferentes vertentes cada uma com sua faceta diferente. Assim, o Norte da África foi tomado pela força das batalhas, enquanto o Islão adentrou lentamente no restante dos espaços já citados, de norte para sul, passando por montanhas e desertos, na já citada tomada da parte oriental seguiram pelas margens do rio Nilo e navegando pela costa leste do Índico. As características particulares da religião do profeta em deveram-se a combinação sincrética de tradições locais com crenças Islâmicas.

Árabes adentraram nestes espaços pela força do comércio, muçulmanos assim o fizeram pela urgência migratória promovida pela resistência da palavra de Maomé nos primeiros anos da pregação do profeta. entraram em África como refugiados no início da sua história. Ainda segundo Antonini (2013) "A África tornou-se o primeiro refúgio seguro para os muçulmanos e a Etiópia seria o primeiro lugar fora da Península Arábica onde o Islão seria praticado", foi o Egito o grande receptor desses povos que após a morte do profeta permaneceriam nesse espaço agora com o intento de toma-lo pela espada.

> Sede justos, sede valentes; morrei antes de render-vos; sede piedosos; não mateis nem velhos, nem mulheres, nem crianças; não destruais árvores frutíferas, cereais ou gado. Mantende vossa palavra, mesmo aos vossos inimigos; não molesteis as pessoas religiosas que vivem retiradas do mundo, mas compeli o resto do mundo a se tornar muçulmano ou nos pagar tributo. Se eles recusarem estes termos, matai-os. (DURANTI, 1997. p. 171).

Algumas etnias como os Berberes, que não aderiram ao cristianismo, no início da tomada dos territórios do norte africano as lideranças cristãs fugiram para a Europa enquanto os berberes abraçaram o Islão, contribuindo com os Árabes para criar o Magrebe islâmico.

Se atualmente a realidade étnico-social aferida em África pode ser representada em uma infinita modalidade de contrastes, é preciso um esforço para compreender os processos interacionistas e disputas psicológicas formadoras de tais atuais identidades. O distanciamento escalar do fenômeno observado e proposto na introdução, permite aplicar o conceito de resolução para (de) múltiplos contrastes (SANTOS, 2005).

Portanto, é possível apontar que os fatores determinantes da implantação e recepção do Islã em África deram-se de forma multiprocessual, associando fatores físicos, políticos, econômicos e culturais, cada aspecto sendo preponderante em momentos distintos da história, até mesmo sobrepondo-se e interpenetrando-se.

Alguns são fatores que aglutinam a população em torno de um ideal, seja pela necessidade ou por fatores místicos. Bíssio (2012, p. 31) apresenta que foi sem dúvida o Islã o mais poderoso desses elos na população negra. Em qualquer caso, a comodidade econômica dos espaços homogêneos, delimitados por uma só fronteira e com divisões internas que em nenhum caso questionavam a unidade do marco nacional, religioso, está passando pela história.

O contato africano com os árabes remonta de antes do primeiro século da era cristã, talvez por isso, o terreno para uma unificação em torno de uma religião tenha sido tão promissor. Essa arabização prévia de porções específicas principalmente na porção boreal africana facilitou e muito a chegada da palavra de Maomé, muito antes da aglutinação em torno de uma religião única, e assim, é fácil afirmar que diferente de outros espaços o comércio nesse quesito precedeu a espada.

> Muito antes dos tempos do Profeta, caravanas de mercadores viajavam da Arábia até o delta do Nilo. E ainda, no período pré-islâmico, comerciantes iemenitas foram se estabelecer na Somália, na Etiópia e ao longo da costa oriental africana, sendo profundos conhecedores das trilhas do deserto que levavam ao norte (LOPES, 2006, p. 20).

No ano da Hégira de Maomé (622 d.C.), a movimentação de árabes em África se intensifica obedecendo agora ditames religiosos associados a precedentes mercantis. Outro fato a ser destacado são as duas rotas: uma margeando pela costa leste via litoral, da Somália até Moçambique; e outra por terra, bifurcando-se pela costa norte do Atlas do Egito até o Magreb, outra a leste do Atlas pelo centro chegando até as bordas da floresta equatorial.

Depois da morte do profeta (633 d.C.), pela falta de melhor alternativa, segundo Gorostegui (2009), Omar assume o posto capital da fé islâmica. Maomé não havia deixado sucessores do sexo masculino e, sem resistência, Omar inicia seu reinado. A partir dele, três ondas de avanço se seguem nas três décadas seguintes:

- uma primeira com a tomada de Jerusalém no ano 638;
- a segunda, também em 638, na Pérsia (hoje Irã);
- e a terceira, que realmente interessa à essa pesquisa, em 641 com a conquista do Egito dois anos antes da queda de Alexandria.

É necessário destacar também o papel proselitista do Islã que em inúmeras situações concorre não só com outras manifestações religiosas, mas também com o próprio Islã. Em muitas situações como na conquista do norte e leste como nos territórios de Marrocos e Gana os embates com os cristãos não seriam de desfecho favorável aos seguidores de Maomé se a *palavra* não chegasse antes dos exércitos.

> Na segunda metade do século XI, Ibn Yassin, um pregador muçulmano instalou-se na costa da Mauritânia, onde fundou um convento, ali vivia rodeado dos seus discípulos, conhecidos por Almorávidas. Estes iniciaram a sua expansão para o Sul, submetendo primeiro as tribos berberes da Mauritânia e depois destruindo e islamizando o Império do Ghana. Expandiram-se para o norte, tomaram conta do Marrocos e invadiram parte da Península Ibérica, onde tinham ido em socorro do Califa de Córdova. Constituíram, assim um Imperio hispano-africano. O seu poderio desfez-se em pouco tempo, reconquistando Ghana a sua independência, mas já o proselitismo religioso Almorávida já tinha tomado a dianteira dos Exércitos.(GARCIA, 2003, p. 27)

Essa pesquisa propõe uma abordagem como a de Immanuel Wallerstein (1989), isto é, uma história analítica de expansão islâmica que se difere da história historizada, que se preocupa com a maneira rígida e cronologicamente dos fatos. A proposta analítica desse trabalho é a história pensada, que possibilita nos orientarmos e deter-nos em tempos culturais e sociais mais específicos.

No esquema a seguir, podemos analisar as diferentes fases de ocupação Islâmica em território africano. Alguns autores apresentam essa divisão em duas partes (eixo leste-oeste) e (nordeste sudeste) M'Bokolo (2009), outros como Bíssio (2012) e Lopes (2006) que dividem esses períodos em quatro fases; Berbere do séc VII ao séc XII, Madinga do séc. XII ao séc XIV, Songai no séc. XV e Peule séc. XVII (vide mapa pág. 57). No quadro, os nomes apresentados são apenas uma referencia a localidade atual na marcha sentido leste-oeste, enquanto o destaque em negrito representa o sentido de islamização nordeste-sudeste africano.

O escurecimento do quadrante em cada fase apresenta o exato momento de ocupação e os territórios ocupados.

FIGURA 5 – Processos de ocupação territorial em África – fases.

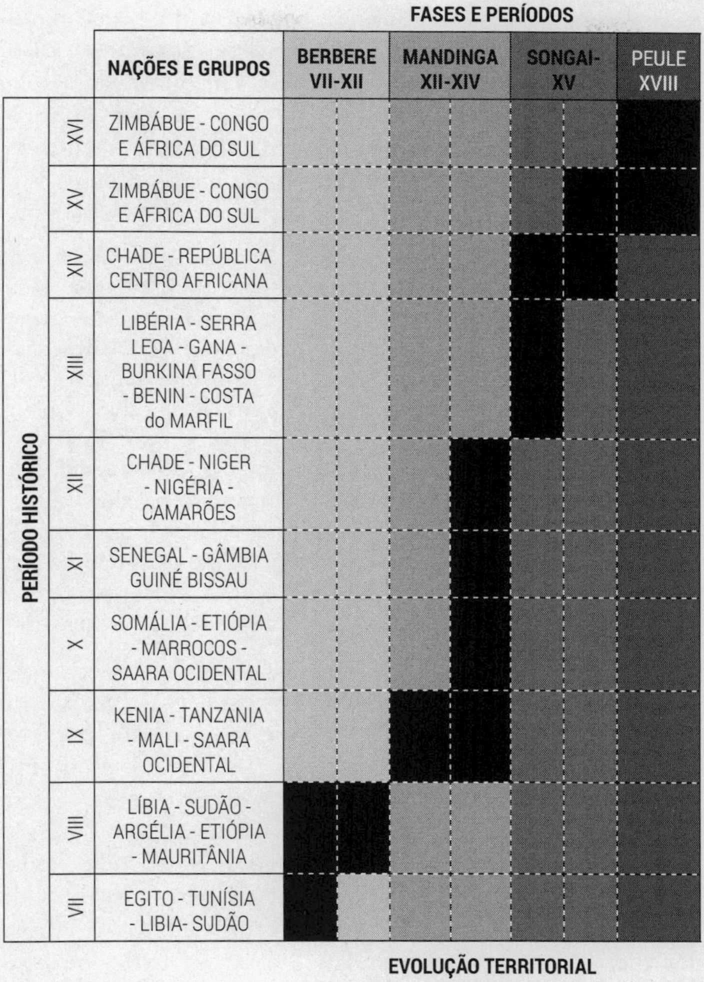

PERÍODO HISTÓRICO	NAÇÕES E GRUPOS	FASES E PERÍODOS			
		BERBERE VII-XII	MANDINGA XII-XIV	SONGAI- XV	PEULE XVIII
XVI	ZIMBÁBUE - CONGO E ÁFRICA DO SUL				
XV	ZIMBÁBUE - CONGO E ÁFRICA DO SUL				
XIV	CHADE - REPÚBLICA CENTRO AFRICANA				
XIII	LIBÉRIA - SERRA LEOA - GANA - BURKINA FASSO - BENIN - COSTA do MARFIL				
XII	CHADE - NIGER - NIGÉRIA - CAMARÕES				
XI	SENEGAL - GÂMBIA GUINÉ BISSAU				
X	SOMÁLIA - ETIÓPIA - MARROCOS - SAARA OCIDENTAL				
IX	KENIA - TANZANIA - MALI - SAARA OCIDENTAL				
VIII	LÍBIA - SUDÃO - ARGÉLIA - ETIÓPIA - MAURITÂNIA				
VII	EGITO - TUNÍSIA - LIBIA- SUDÃO				

EVOLUÇÃO TERRITORIAL

Fonte: Elaboração própria a partir de Lopes (2006), M'Bokolo (2009) e Bíssio (2012).

O Islã africano com o decorrer dos séculos experimentou um duplo fenômeno de adaptação. A rigidez da norma teve que se flexibilizar para se sustentar nos espaços, dividindo-os ou juntando-os, convivendo com práticas múltiplas sincréticas, assim o Islã africano praticamente modifica-se. Tudo isso analisando o fenômeno de forma parcial ao longo do tempo, essa multiplicidade de formas ganha tons e contornos mais definidos no tocante a rigidez das normas determinando num futuro próximo um fazer islâmico mais próximo das diretrizes de Meca e Medina.

> No Egito, a política islâmica para com os cristãos era de "tolerância com alguma discriminação: os cristãos eram cidadãos contribuintes de segunda categoria, sem oportunidades económicas. Foi proibida a construção e reparação de igrejas, bem como o culto público e o uso dos sinos das igrejas. Ser dispensado do pagamento de impostos e alcançar a plena cidadania foram o maior estímulo para abraçar o Islão. Ao longo dos séculos, o Cristianismo egípcio foi reduzido a uma minoria, isolada do resto do mundo cristão, e apenas comprometida com a sua sobrevivência. A longa opressão trouxe a identificação muito importante da fé cristã com a herança nacional, que ajudou os coptas a preservar tanto o seu carácter nacional e o Cristianismo até aos nossos dias". (ANTONINI, 2013, p. 24)

Rodinson (1993, p. 88) aponta para separação dentro do continente e mesmo dentro de uma mesma era. Se pelo sincretismo percebe-se uma aglutinação cultural, em outros âmbitos foram percebidas, com frequência, cisões no plano político. Seja qual for a fase estudada, conforme mostra figura 3, poderes soberanos se estabeleceram um pouco por todo o lado. Nesse contexto, Estados que se proclamavam membros da *Umma* e outros ainda que islamizados por inteiro diziam-se desvinculados e independentes pelo simples fato de que organizavam o seu próprio poder. Assim, recusavam a obedecer às decisões propriamente políticas do sucessor do Profeta, eram indiferentes às ordens do califa, ainda que fosse reconhecido que um dado personagem desempenhava legitimamente esse papel dele fosse merecedor divino. Vale ressaltar que estas fragmentações, sem prejuízo para o todo processual expansionista, multiplicaram-se com o tempo, interrompidas vez por outra por períodos de harmonia e novas aglutinações.

FIGURA 6 – Mapa 5 – Presença islâmica em África.

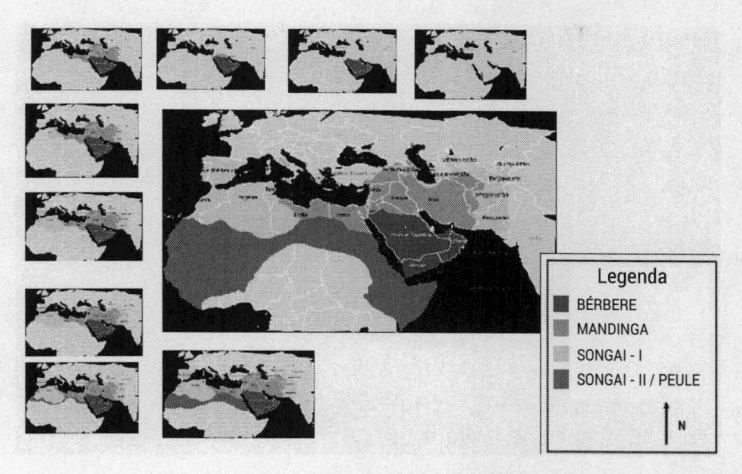

Fonte: Elaboração própria a partir de Sardar (2010).

A figura 4 pode ser aplicada para explicar na grande maioria dos casos africanos onde o processo islamizante se faz efetivo. Algumas constatações diante disso tornam-se latentes:

- Em nenhum caso percebe-se a supressão ou a extinção de todos os grupos ou culturas.
- O grupo sorvido passou a compor uma maioria hegemônica gozando de todos os direitos, ônus e privilégios.
- Em todas as situações a aproximação gerou um grupo sincrético que em determinado momento histórico foi hegemônico.

Daí, parte-se para um novo sistema no qual as partes se interagem, coexistem, gerando um novo processo social no qual o inevitável choque cultural determina a modificação do grupo cultural mais frágil. No espaço objeto de estudo dessa pesquisa, é evidente a vitória do grupo islâmico em determinados espaços, tornando-o hegemônico. Indaga-se, no entanto, se o fato de serem hegemônicos *a priori* já os tornariam o grupo predominante em todo a vertente norte. O importante nesse sentido é ressaltar o caráter da formação de sujeitos anômicos[24] e os processos de fricção interétnica.

> Chamamos "fricção interétnica" o contato entre grupos tribais e segmentos da sociedade brasileira, caracterizados por seus aspectos competitivos e, no mais das vezes, conflitais, assumindo esse contato muitas vezes proporções "totais", i.e., envolvendo toda a conduta tribal e não tribal que passa a ser moldada pela situação de fricção interétnica. Entretanto, essa "situação" pode apresentar as mais variadas configurações Desse modo, de conformidade com a natureza socioeconômica apresentarão aspectos específicos. (OLIVEIRA, 1962, p. 86)

Os Islamófilos constituem em primeiro plano um grupo ou classe econômica pré-islâmica plena, na qual em grande maioria dos casos estão todas as classes sociais.

> O pressuposto da existência de um sistema interétnico inclusivo, uma totalidade sincrética que expressaria as relações contraditórias entre índios e regionais. O que nos lembra, embora de maneira vaga, o dispositivo malinowskiano das três realidades culturais (a indígena, a nacional e a interétnica). Na solução admitida por Oliveira (1978), todavia, o sistema nativo restaria teórica e empiricamente submetido às "determinações provocadas pela sociedade mais poderosa, nacional". Há de se interrogar, então, os termos em que se dá essa subordinação, à lógica de dominação que lhe é inerente. (DAL POZ, 2003, p. 7)

A cada grupo encontrado, nos diferentes extratos sociais, percebem-se participações de muçulmanos recém-convertidos. Ainda que apreendido por uma elite incipiente, os níveis

---

24 A anomia nesse sentido se dá devido a sobreposição de nacionalidades culturas e fazeres sociais.

sociais inferiores rapidamente crescem, absorvendo novos atores em conformidade a imersão neófita no fazer islâmico.

Apesar da hegemonia muçulmana vigente, não se extinguiram nenhum dos grupos, nem os primitivos ou qualquer uma das diversas formas sincréticas.

Figura 7 – Processo islamizante efetivo global.

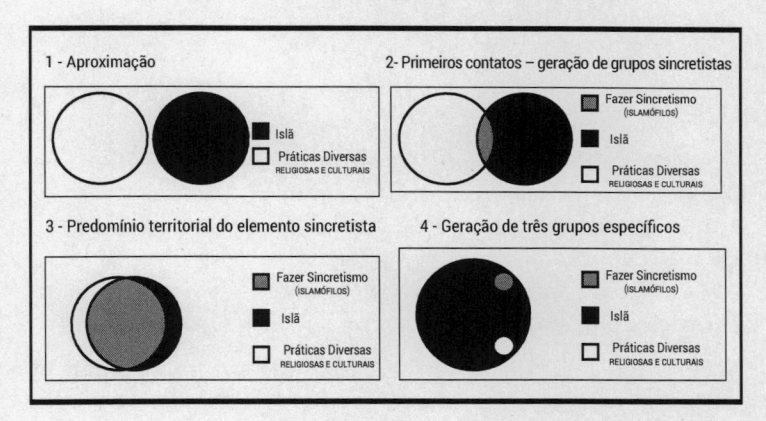

1 - Aproximação
- Islã
- Práticas Diversas RELIGIOSAS E CULTURAIS

2- Primeiros contatos – geração de grupos sincretistas
- Fazer Sincretismo (ISLAMÓFILOS)
- Islã
- Práticas Diversas RELIGIOSAS E CULTURAIS

3 - Predomínio territorial do elemento sincretista
- Fazer Sincretismo (ISLAMÓFILOS)
- Islã
- Práticas Diversas RELIGIOSAS E CULTURAIS

4 - Geração de três grupos específicos
- Fazer Sincretismo (ISLAMÓFILOS)
- Islã
- Práticas Diversas RELIGIOSAS E CULTURAIS

Fonte: Elaboração própria a partir de M'Bokolo (2009), Bíssio (2012) e Lopes (2006).

O sujeito, de maneira consciente ou não, torna-se aculturado, distante de suas origens, abraçando outro *modus viventi*. Isto abre possibilidades muito favoráveis para o receptor da palavra de Allah proferida por Maomé. Segundo Dal Poz (2003) é nesse contexto que surge "maior ênfase na observação da conduta, que possibilitasse o uso do conceito de cultura em termos mais adequados" (p. 65). A definição de mobilidade social surge em um segundo plano, pois assinala o processo pelo qual um indivíduo "se despoja dos costumes de sua própria classe ou grupo étnico, para tornar-se um membro de outra classe ou grupo étnico" (p. 65).

c. FATORES DE PENETRABILIDADE[25]

Muitos são os fatores que propiciaram a penetrabilidade árabe e, por conseguinte islâmica. Todavia, para além das causas militares, semelhanças e diferenças étnicas, afinidade racial e cultural, a fraqueza[26] dos adversários (se se levar em conta a porosidade do Império Bizantino), ter-se-á de modo latente a associação de duas causas ou fatores causas econômicas, e como apontado por Hourani "tolerância muçulmana em favor de benefícios econômicos"(HOURANI, 2001 p. 54).

É evidente, verdadeiro e nobre ressaltar as motivações religiosas que levaram o verbo corânico à África, contudo a crescente população na península arábica, com recursos naturais ínfimos para a época, submetida à crescente ameaça de miséria, um histórico de invasão dos persas incentivou a busca de espaços antigos para a exploração, e a retomada do ideário expansionista.

Pela língua identifica-se, num primeiro momento, a inserção de outras características, funções e feições. As peculiaridades do Islã algumas de suas práticas são muito mais palatáveis para a cultura africana que qualquer outra manifestação religiosa. A incorporação de amuletos, ligação e respeito à estrutura genealógica, a existência de um criador e um destino prescrito para todos, foram o início da criação de uma estrutura coesa e promissora para além dos aspectos místicos.

---

25 Optou-se aqui pelo vocábulo *penetrabilidade* abrindo mão de *penetração* pela lógica linguística. Enquanto o primeiro designa potencialidade (ou não) de colocar em movimento o ímpeto de entrada, o segundo, refere-se à ação de entrada.

26 Aqui tomamos como 'adversários' não os agentes receptores culturais do Islã. Denominam-se adversários para a época outros grupos hegemônicos que exercem influência na região.

i. *Penetrabilidade linguística e cultural*

Ibn Khaldun corrobora ou preconiza a legitimidade da língua, seja ela falada ou escrita como forma de sobreposição cultural. O árabe é, em Khaldun, a língua do profeta, de Alá, instrumento pelo qual as leis foram ditadas e motivo pelo qual os idiomas (dialetos) locais devem ser deixados de lado. Khaldun escreve numa época de crescimento científico e incentivo a ciência. O sábio do Magreb sintetiza e muito o escopo da pesquisa. Ele, africano do Magreb, árabe, jurista, geógrafo, historiador, sociólogo entre outras funções, produz em meio a outros, num momento em que anualmente a síntese dos principais acontecimentos eram elencados por encomenda das autoridades administrativas locais no "Clássicos da História Universal" (BÍSSIO, 2012, p. 98).

As religiões do deserto foram absorvidas pelo Islã[27]. Alá foi a grande substituição para muitos outros deuses. Comunidades

---

27 El procedimiento empleado por Mahoma en la conducción de la guerra fue idéntico en todas partes: Había, en primer lugar, una propuesta de adhesión en Dios único y a su enviado Mahoma. Esta propuesta ofrecía tres salidas posibles:

- La adhesión. Si había adhesión o sumisión a Mahoma y a su doctrina, estas tribus entraban a formar parte de la confederación, con las ventajas que aquella adhesión ofrecía. No detallo el pacto del que no se conserva ningún texto preciso.

- El simple rechazo de adhesión a la confederación. Si aquellos a quienes se les proponía el pacto rehusaban adherirse al mismo, pero no formalizaban la guerra contra Mahoma, cosa que ocurría a menudo con los judíos y los cristianos, a estos últimos se les permitía seguir su culto y sus costumbres, a condición de que pagaran un impuesto, la yizia. Claro está que los que pertenecían a esta categoría no podían disfrutar de las ventajas del pacto. Entraban en la categoría de los "dhimmi", es decir, gentes protegidas por Mahoma. (GOROSTEGUI 2009, p.8)

Berberiófanas[28], por interação com o árabe comercial falado, convertiam-se ao mesmo tempo em que a língua se fixava. Assim, pela mutabilidade linguística pode-se afirmar que parte do caráter sincrético do novo Islã era gestado.

> O escritor árabe Ibn Batuta relatou, no século XIV, que o rei do Mali, numa manhã, comemorou a data islâmica do fim do Ramadã e, à tarde, presenciou um ritual da religião tradicional realizado por trovadores com máscaras de aves. Esse fato demonstra a incorporação dessa crença e a convivência entre o Islã e as religiões tradicionais africanas. Embora em alguns lugares os muçulmanos parecessem não aceitar essa mistura de crenças, pois se opunham a determinados rituais, como os sacrifícios humanos em funerais. (FAGE, 1997, p. 18)

Além da palavra rígida e clara do corão o Islã se muniu de uma poderosa artilharia psicológica, todo um sentido de união e a coesão em torno de um ideal. A autoconfiança é agora uma poderosa arma mística em que se amálgama todos os grupos antes separados e por muitas vezes rivais em torno de um ideal de pátria. Agora, povos belicosos e com rivalidades milenares convergiam por rações espirituais. Agora, o crente lutava pelo sucesso de um ideário concreto e um paraíso caso seu fim fosse iminente. Parece reducionismo, mas a guerra agora se afasta da luta por recursos e território. É, para além de tudo, a faceta pujante de um grupo guiado por um sentimento de pertença a *Umma* atuando de modo a arregimentar um grupo social, uma nação em torno da palavra do profeta.

A Comunidade dos Fiéis, traduzida pela transliteração do árabe *Ummah*, força-nos a reformular o conceito de nação por dois motivos, o primeiro ressalta a religião como estrato cultural mais

---

28 Optamos aqui em apresentar o termo Berberiófanas no intuito de aglutinar os diferentes grupos culturais e étnicos de denominação Bérbere. Tais grupos possuíam já na historicidade africana uma matriz linguística semelhante que só encontrou uma nova revolução ou direcionamento com a chegada dos Árabes.

latente, e o segundo retira de sua formulação a base conceitual territorial. Na *Umma*, a palavra do profeta é infinitamente mais importante que o substrato físico. A aglutinação ou agremiação humana se faz em torno da vontade de Alá e dos seus escritos. Por essa palavra todos são iguais e devem receber as mesmas bênçãos. Sabe-se, que esse é o princípio do pensamento "país de dentro e país de fora", ou "nós e os outros" que guiará as ações muçulmanas ao longo dos séculos.

Tudo isso propicia ou facilita a movimentação horizontal dos grupos religiosos e catapulta o ideário de disseminação. Não se vincula à religião primeiramente a uma terra, Meca e Medina são símbolos e devem ser respeitadas, mas nenhum ser humano convertido é maior ou menor aos olhos de Alá pela proximidade a este espaço. Próximo à *Caba* se é tão fiel quanto numa comunidade em meio ao Saara.

Havia uma organização legislativa, ou uma orientação coletiva para o exército que, ao mesmo tempo, convertia, expulsava, reorganizava e convertia. A prova de que não era uma ocupação territorial por si, ou a dominação com o simples intuito econômico está clara na proposta de Gorostegui (2009).

Percebe-se um oscilar estrutural entre a origem urbana do Islã e sua migração continental, uma vez que ao chegar ao solo africano à religião oriunda das cidades de Meca e Medina ganham impulso para a disseminação entre os povos do deserto. Possivelmente, devido à vocação urbana islamista, a constituição das primeiras cidades em África sobrepõe-se historicamente ao surgimento dos primeiros núcleos urbanos e da diversificação funcional e o surgimento das primeiras atividades urbanas (BÍSSIO, 2012, p. 26-28). Também, na própria estruturação do Islã a obrigatoriedade em se visitar um desses núcleos urbanos ao menos uma vez na vida (Meca) significa também contemplar a força e a pujança de um núcleo urbano onde as mesquitas muitas vezes são o cerne desse novo ambiente social.

Embora as lutas fossem muitas, e mesmo que depois das conversões outras dissidências internas se formassem, o caráter latente dentro do Islã global é o da coesão. Eram internamente divididos, e externamente expansionistas e coesos.

> Todo o Islã da Idade Média está assim semeado de revoluções doutrinais e políticas. Formam-se seitas para retificar as orientações seguidas pelo poder, para regressar à verdadeira doutrina das origens, que deve garantir, ela sim, a instauração da verdadeira sociedade mulçumana, a sociedade justa. Movimentos populares ou golpes de Estado levam frequentemente ao poder novos dirigentes armados com a doutrina justa que acabará por permitir realizar este objetivo. Mas o mesmo processo repete-se indefinidamente. A nova sociedade suscita as mesmas insatisfações que a antiga, com as mesmas consequências. (RODINSON, 1993, p. 87)

Gorostegui (2009, p.8) também apresenta de maneira associativa esse processo de absorção e adesão, onde a ocupação territorial se dá pela sobreposição, aglutinação e justaposição circunstancial de três fatores:

- A conversão/adesão pela fé;
- A ligação ao ente nacional por múltiplos fatores;
- A resistência em pagar tributação ao reino.

A cultura e erudição associada a chegado do fazer muçulmano seduziu a muitos reis e chefes de Estado africanos. Em muitos espaços, como a antiga Tunísia de Mali, foram os reis quem adotaram o Islã convertendo toda a elite aristocrática. De tal modo que em muitos espaços durante décadas discutia-se o corão em rodas da aristocracia, enquanto o fazer sincrético e religiões animistas – com o uso de amuletos, infusões, oferendas e demais práticas – eram relegadas às classes populares.

> A conversão de certos reis fez o Islã avançar. Timbuctu era no século XVI uma cidade conhecida pelo alto nível de suas centenas de escolas islâmicas, que atraiam intelectuais do mundo muçulmano inteiro – mas retrocessos lá também

ocorreram. Outras sociedades muçulmanas emergiram mais a leste: Karen, Funj e outras. Entrementes, na África oriental, comerciantes árabes conseguiram se instalar apenas no litoral, levando à gradual conversão da atual Eritréia e Somália. Reinos cristãos no Nilo superior bloquearam por séculos o avanço muçulmano. Assim, a Etiópia se manteve forte Estado cristão. Nos próximos séculos, contudo, a cultura árabe-mulçumana influenciaria fortemente os Bantus que foram gradualmente colonizando a África oriental e meridional (isto se vê, por exemplo, no swahili, sua língua comum que integra muitas palavras árabes). (DEMANT, 2004, p. 146)

O caráter aristocrata das elites eruditas principalmente no norte do continente possibilitou não só a entrada de preceitos religiosos, como também a expansão e aprofundamento do Islã. Foi a alta sociedade africana quem fomentou a implementação vertical do verbo corânico (FAGE, 1997, p. 128).

ii. *Fatores Físicos*

O assentamento islâmico se deu num contexto territorial imerso em conflitos e agora unido por um ideal. A aridez e o posicionamento estratégico reforçam a tese de que a força de um território está tão ligada à sua localização tanto quando suas dimensões.

Nesse contexto, indaga-se o motivo do sentido expansionista do Islã mudar seu fluxo de crescimento natural na faixa do Sahel do sentido sul para margear essa região até o sudeste africano.

O Sahel, savanas ao sul do Saara, eram territórios de grupos humanos conhecidos como sudaneses, pois essa área também era denominada Sudão (*Bilad Al-Sudan*, que em árabe significa terra dos negros). Tais habitantes possuíam boa agricultura, plantavam espécie de milho de grão miúdo, sorgo, arroz e cereais. Também caçavam, pescavam e criavam gado. Alguns grupos dessa região como os Mina conheciam a mineração e praticavam a metalurgia, confeccionando armas ainda que rústicas e ferramentas de trabalho. Sua organização social ajustava-se em vilas com casas de taipa ou palha, sempre junto às terras cultivadas. Como perfil social, organizavam torno de linhagens e dos conselhos dos anciãos, sendo estes os responsáveis pela resolução de conflitos disputas e dilemas e contendas internos dos grupos.

FIGURA 8 – Mapa 6 – Biomas Africanos.

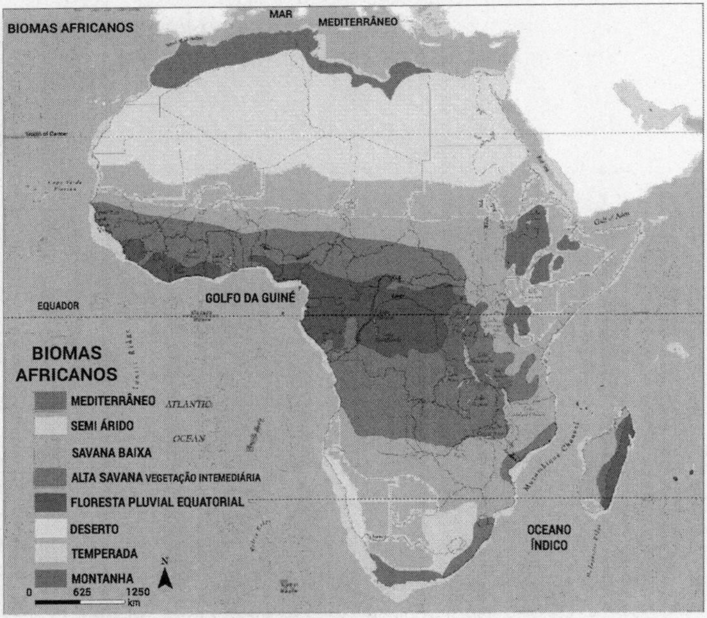

Fonte: Lima (2014) a partir de Simielli (2012).

No documento cartográfico anterior a faixa do antigo Sudão, islamizada de maneira incipiente, concentra uma diversidade de climas áridos e semiáridos que facilitaram historicamente a adaptação dos ocupantes.

O antigo Sudão[29], que dominava quase a totalidade a parte leste e setentrional africana (posição diferente da localização atual), também possuía em sua gênese características comerciais para além do Saara, principalmente de cereais, gado, também âmbar, pimenta, marfim e escravos, que eram cambiados em muitas situações por cavalos, sal, cobre, conchas, tecidos e tâmaras. Algumas aldeias passavam a cobrar tributos por serem entrepostos comerciais gerando divisas que se somavam a outras tantas formas de acumulação urbana, como a fabricação de utensílios de carga de animais, manufaturas e hospedagem.

As rotas de comércio Berbere em solo desértico propiciavam para os aventureiros, viajantes e outros, uma grande gama de serviços, como guias, curandeiros, mercenários carregadores e camelos. O camelo, que era ineficiente nas montanhas, tornava-se indispensável no deserto; era o meio de transporte de mercadorias mais utilizado, sobretudo ao norte do Níger. Seria essa uma facilidade Islâmica incorporada na difusão de práticas e saberes entre nômades e árabes?

> Os efeitos a longo prazo da conversão voluntária e quase sempre permanente de milhões de pessoas à nova religião islâmica tiveram consequências drásticas para o relacionamento entre natureza e espécie humana. No núcleo da filosofia religiosa de Maomé estava a remoção completa de qualquer conceito terrestre de Deus. O único vínculo com a divindade era por meio da palavra escrita imutável e inspirada no Alcorão. Florestas, animais, plantas, montanhas – o tempo do sonho – não constituíam o foco da veneração islâmica. Mesmo o clima, o trovão, o raio e outras forças da natureza não eram considerados sagrados em si. Situar um Deus único no céu, e não na Terra, foi uma tendência iniciada pelos judeus. Depois, com a exceção temporária de Jesus, o cristianismo reforçou essa ideia. Agora o processo

---

29 Para uma caracterização mais ampla sobre o Sudão e suas transformações territoriais, consultar Bíssio (2012), Lacoste (2006), Lopes (2006) e M'Bokolo (2009).

era aperfeiçoado pelo Islã. Deusnão seria encontrado nas muitas druídicas da Europa ou nos mares tempestuosos de Poseidon, nem mesmo nas pirâmides do Egito ou no alvo dos zigurates da Babilônia. Deus seria conhecido na Terra apenas mediante um conjunto de regras perfeitas, imutáveis proferidas por Maomé e mais tarde anotada por seus seguidores no livro sagrado. (LLOYD, 2011, p. 236)

Figura 9 – Mapa 8 – África: eixos de arabização, séc. I a.C.

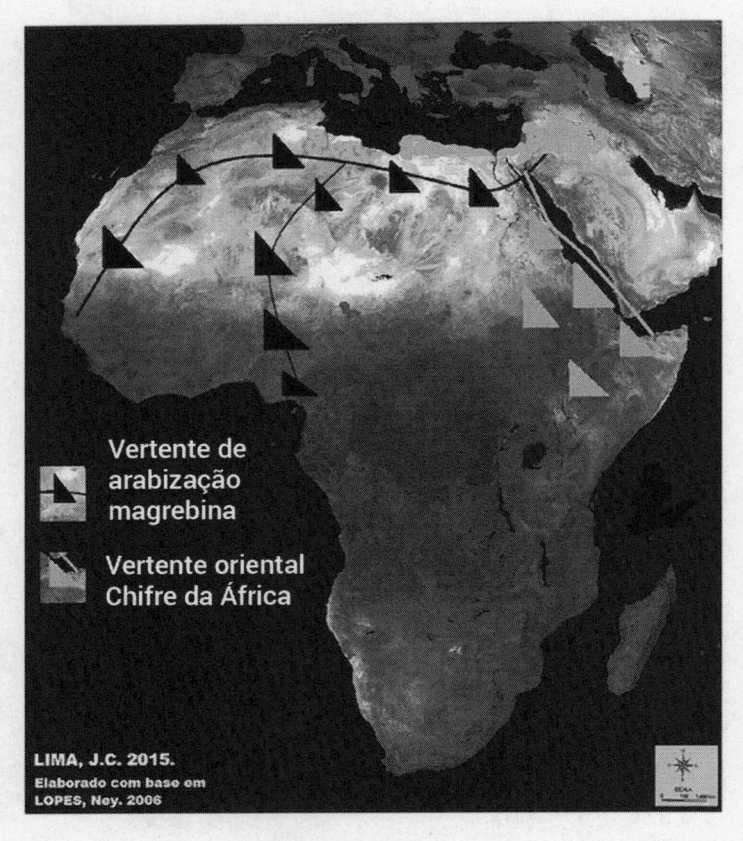

Fonte: Elaboração própria a partir de Lopes (2006).

Nesse contexto, o contato com a região Bab-el-Mandeb[30] foi importante; de fato, antes da islamização um canal do Mar Vermelho era o primeiro contato entre as rotas. Certamente, alguns lugares culturas e fazeres foram incentivados por esse contato, esta é inclusive a razão da denominação etíope ter sido utilizada durante toda a Antiguidade, e ainda hoje, para designar qualquer habitante negro do continente africano, seguiram-se a esses nomes como sudaneses (*Bilad-Es-Sudan*, isto é, País dos Negros), nigerianos, magrebinos e muitos outros.

iii. O Estado em África

Diferente de outras publicações do gênero que analisam e observam a questão tendo como base o fazer europeu ou eurocêntrico, Khaldun (em BÍSSIO,2012) oferece-nos um importante ponto de observação da cultura islâmica a partir das vivências e fazeres organizacionais islâmicos. A diferença nesse ponto é a observação da história escrita. O Estado em África é caracterizado pela História Universal[31] escrita de dentro do continente africano por um escritor muçulmano – árabe – africano.

---

30 O Bab-el-Mandeb ou Babelmândebe é o estreito que separa os continentes da Ásia e África, ligando o Mar Vermelho ao Oceano Índico via Golfo de Áden. Em alguns mapas em inglês usa-se o termo Mandab Strait. Esse estreito tem apenas 3 km de largura.

31 História Universal é o nome dado à coletânea de escritos realizados por pensadores, em sua imensa maioria muçulmanos, no continente africano na chamada "Idade Média", Khaldun é considerado o principal nome em esses sábios escritores encomendados pela corte. Perceba que nesse ponto também há um posicionamento importante; ao escrever a "História" eram narrados aspectos do cotidiano, do fazer político, cultural e organizacional da sociedade em que se estava inserido. Ao chamá-la de "Universal", muito mais que uma generalização por desconhecimento de mundo atribui-se aos atores vinculados à escrita um caráter totalitário ou central dentro de um Sistema Mundo.

Segundo Cox (1992), com a obra de Khaldun foram solucionados problemas discricionais da sociedade africana do passado, a descrição sociológica das altas esferas monárquicas e de seu envolvimento com o fazer muçulmano trazem luz para a compreensão não só da interação –religião e estrutura-, mas de problemas com ecos futuros ou de convergências contemporâneas (observemos os problemas da radicalização religiosa da Nigéria), e, assim, por meio do entendimento da obra de Ibn fazer a junção dos tempos nos quais o universo apresentados por esse erudito eram a expressão de uma África islâmica pujante.

Contudo, se a descrição de KhaldunKhaldun apresenta a expansão muçulmana no norte da África por um lado, por outro retrata o recrudescimento (declínio islâmico) na chamada península ibérica.

Ao descrever o declínio do Islã na Europa (Península Ibérica) iniciado ainda na primeira fase do processo expansionista, Cox (1992, p. 292) apresenta economicamente o espaço dizendo "grandes jazidas em ruínas; os sistemas de irrigação eram estragados ou destruídos" quanto à economia e os abusos cometidos, "a tributação excessiva apresenta o que chamou de 'prática de intermediação na cobrança dos impostos fragmentavam o poder e minavam a organização administrativa'". Tudo isso num ambiente que se não fosse a história universal estaria perdido. Cox (1992) ainda ressalta que os resquícios islâmicos encontrados nos dias atuais foram em virtude da resistência daquele período "embora persistisse a preeminência cultural do Islã, os fundamentos materiais da hegemonia islâmica estavam muito debilitados".

Foi o próprio declínio da hegemonia islâmica no norte africano e Europa o grande responsável pela escrita de Khaldun, que dedicou parte de sua obra a compreender a reorganização do Estado (BÍSSIO, 2012 p.38).

Por conceber o Estado de uma forma mais ampla com fundamento primeiramente nas menores unidades articuladas (tribos, clãs e famílias), expandindo-se para grupos maiores e sequentemente para os Impérios. Assim, não cabe a análise dos Estados africanos dentro de uma teoria específica em R.I, nem os menos o Realismo, todavia, é possível analisar uma compreensão diante de um mundo pós-westfaliano.

> O caos provocado pelo colapso do Império Romano, pelo menos a metade ocidental, foi outra força poderosa a favor do Islã. O vácuo de autoridade na Espanha após as invasões de tribos germânicas como os vândalos e visigodos foi igualado pela fraqueza do poder na Pérsia e oriente Médio, após séculos de guerra entre Oriente e Ocidente. Exaurida pelos incessantes combates, a magnífica capital persa foi uma vítima prematura da expansão muçulmana após um cerco prolongado em 637, cedendo um vasto tesouro que proporcionou aos soberanos islâmicos um auxílio financeiro precioso". (LLOYD, 2011, p. 236)

Lacoste (2008, p.110) afirma "Asabiya é o motor do desenvolvimento do Estado, e é destruído pela emergência do Estado". A origem do Estado pela ótica de Khaldun pode ser transcrita em parte por dois pontos bem definidos: i) a razão pode discernir os elementos da história em função do retrospecto; ii) *Asabiya* ou necessidade de uma aristocracia e poderio militar tribal em função da criação pré-estado. Em síntese, a crença na *Asabiya* é a necessidade fundamental para o surgimento do estado.

Em Khaldun, o plano político sobrepõe-se a estrutura física regional, principalmente no que se refere ao clima, vegetação e relevo.

O Islã em sua origem, afirma Cox (1992, p. 205), denotava características aglutinadoras comunitárias, de camaradagem religiosa, que transcendia as comunidades baseada mais estreitamente nos laços de família. A comunidade de fé superava as limitações familiares, confrarias se formavam em torno de laços de camaradagem religiosa. Tudo isso orientado no conceito de família. Assim, a comunidade de fé superava as limitações sanguíneas familiares.

iv. *Sedução cultural das elites*

O contato histórico serviu para acentuar o sentimento de afirmação identitária islâmica no norte da África. Ao mesmo tempo em que possibilitava o câmbio cultural pelo comércio, diferença cultural não foram motivos de choques e embates tão abruptos. Em certa medida, percebeu-se uma aliança entre cristãos e muçulmanos.

> Na experiência histórica entre o Islã e o mundo dos infiéis pode não ter sido tão extremo. Seguramente, a identidade política islâmica foi reforçada pela pressão militar da Europa Cristã e das invasões mongóis. No entanto, o intercâmbio diplomático, comercial e cultural entre os dois mundos representava fatores de coexistência. O próprio Ibn Khaldun participou dessas trocas. No entanto, o Islã representava a maior entidade com que um habitante do Oriente Médio ou da África do Norte podia identificar-se. Da mesma maneira, um europeu identificava-se com a República Christiana, entidade cultural e religiosa sem correspondência específica com nenhuma instituição política, mas que era real do ponto de vista intersubjetivo. (COX, 1992, p.292).

Cox (1992), em seu ensaio inspirado em Hegel, apresenta uma expressão bastante oportuna para caracterizar o Islã africano, a dialética das distinções simboliza o intercâmbio e a formação de uma fazer africanizado de Islã. Nesse sentido, é possível estabelecer uma relação comparativa ao choque do mundo afro-muçulmano e o cristianismo europeu. Desse modo, a relação percebida encontra-se latente na chamada dialética das oposições na qual a correlação de opostos fortalece a estrutura. A diferença entre a chegada e a recepção de elemento islâmico às elites e aos populares está muito mais fora dos receptores da mensagem que neles próprios[32].

Uma vez que a lei revelada pela palavra do profeta expressa no corão como diretriz para a vida em sociedade, representava as bases do Estado, tornava-se tema para a investigação científica racional. Para ser efetivo, um profeta precisaria funcionar racionalmente para poder comunicar-se e para construir a fundamentação humana da mensagem revelada.

A resposta para a capacidade de apreensão cultural muçulmana dos primeiros grupos em África está na flexibilidade adaptativa islâmica. Os aspectos práticos do verbo corânico e seu racionalismo foram incorporados pelas elites sociais que ignoraram o misticismo, enquanto o mítico foi amplamente aprendido pelas massas por uma mensagem de caráter vivencial, prática palatável para o cotidiano humano. A profecia constituía um estímulo crítico na formação dos diferentes modelos de organização social. O profeta é legislador e professor, ajusta a organização humana às condições materiais, mostrando ao povo como viver, instruindo-o em novas atitudes e fundando novas instituições.

> A meteórica ascensão do Islã foi possível graças, principalmente, à atratividade, simplicidade e poder da mensagem religiosa. Qualquer pessoa podia se tornar um muçulmano. Praticamente ninguém foi forçado. Os povos conquistados podiam praticar o cristianismo ou judaísmo se quisessem. Até as crenças politeístas e xamanistas eram toleradas.

---

[32] Salvo algumas práticas que mantém a coesão religiosa e sua coerência com os preceitos do profeta (cada um segundo sua ilustração), até esse período não se verificam nem similaridade de forma ou processo entre o Islã asiático, africano ou americano. A cada movimento contínuo de expansão seja rumo sul, sudeste ou transcontinental e também (porque não) nas mudanças abruptas de direção, o produto do contato com a nova cultura, seu efetivo resultado dinâmico, não é igual dada a diferença na aplicabilidade da fórmula de conversão. (COX, 1992, p. 292)

Entretanto, todos os não muçulmanos tinham de pagar um imposto (jizya). O incentivo fiscal pró-conversão foi um motivo poderoso para o Islã logo se tornar a religião da classe dominante, mas também das massas. Mesmo assim, muitos governantes desencorajavam as conversões, temendo perder receitas importantes, o que indica que a imensa popularidade do Islã se explica em grande parte pelo poder da mensagem religiosa subjacente. A religião islâmica é fácil, de compreender. Não requer a crença no filho de um carpinteiro judeu. Numa época em que Córdoba era provavelmente a cidade mais rica, mais esplêndida e mais culta do que o mundo islâmico. (LLOYD, 2011, p. 236)

v. *Expansão pelo Comércio*

Na região compreendida do Magreb ao Mediterrâneo, era intenso antes do fim do século VIII[33], o comércio triangular entre árabes instalados na Tunísia, povos da Sicília, e espanhóis. As trocas neste período deram base à consolidação cultural dessa região. Vale ressaltar, a vertente árabe na região não se escondeu dos choques e embates e já 670 pela força da guerra, o centro do Islã Fatimida[34] (para não dizer Xiita) era instalado no Cairo, bem ao longe do litoral rumo ao interior, para fugir da força belicosa do Império Bizantino.

No tocante a outros espaços, pode-se dizer que a rota de expansão muçulmana seguiria dois caminhos, até 1500, venceria o Atlas passando pelo Saara tomando todo o Magreb em sentido sul, e na região ocidental, alcançaria os Camarões, limite meridional, graças aos povos nômades ou seminômades que praticavam o comércio livre (Hauçá, Peul, etc.). Por razões pouco estudadas e que não cabe aqui discutir, nesse contexto histórico era estabelecida uma estagnação no ímpeto expansionista islâmico.

---

33   Primeira baliza cronológica.
34   Nome dado em razão da filha do profeta Maomé.

Não é justo dizer que esta estagnação gerou recrudescimento no número de fiéis muçulmanos[35] ou mesmo uma paralisação nas conversões. A dilatação nesse período só mudou a rota mantendo seu vigor, a partir de então, na parte leste e sudeste do continente.

Cada zona de contato com outros povos, cada fronteira estabelecida, propõe novos desafios ao movimento islâmico. Pode-se dizer que o Islã no momento inicial, o de chagada, tolera amplamente as práticas sincretistas, anos se passam até que uma purificação e sua sequente cristalização fossem sentidas. Em algumas tribos, autoridades religiosas e até chefes de comunidades tradicionais misturam trechos do corão a práticas de magia e curandeirismo. Isso atribui ao Islã um caráter fluido e perene nesse processo de introjeção cultural, resistindo firmemente até que consiga seu objetivo, transformar uma zona de contato em uma parte do mundo muçulmano. Nesse sentido pode-se afirmar que fronteira também é além da zona de choque e confrontamento, uma latente zona de aproximação e entrelaçamento.

---

35   Quarta baliza cronológica.

FIGURA 10 – África Islâmica adaptações sincretistas

ÁFRICA ISLÂMICA ADAPTAÇÕES SINCRETISTAS		
ISLÃ	SIMBOLOS	TERRITÓRIOS BANTO – ADAPTAÇÃO (*processual*)
ALÁ	DIVINDADE	Deus criador (Olorum entidades superiores)
MAOMÉ	EMISSÁRIOS	Lutador, emissário de deus para as pessoas menores.
GÊNIOS OU DJINS	Espíritos	(divindades menores, deuses do fazer cotidiano)
O CORÃO[36]	Livro sagrado	Importância às tradições orais sem valor para o código escrito (desvalorização do código rígido imutável)
Esmolas	**Caridade**	Para seus povos não há propriedade particular. As terras, as florestas e outros elementos da natureza são propriedade de todos
Comércio	Relação com o espaço	Natureza palco da ação divina
Tempo de viver segundo a lei do profeta e a morte como forma de se receber as benefícies divinas	Vida E morte	Momento de transmigração, possibilidade de estabelecimento no paraíso, fixação na Terra ou movimentação transcendental

---

36 O uso mágico dos textos do corão está divulgadíssimo, e na verdade, já que pra boa parte dos fiéis os textos do livro sagrado não tem nenhum sentido, não é fácil precisar onde acaba o uso religioso do mesmo e começa o uso mágico; mas à segunda categoria pertence, certamente, a prática de usar passagens corânicas como remédio: o paciente bebe água em que se lavou uma papel que continha tais textos ou engole o papel em que estão escritos. (MARGOLIOUTH. 1929, p.20)

Orações cotidianas	Manipulação do sagrado	Kindoki ou Wanga (feitiços)
Proibido em respeito aos Pilares Religiosos	Jogos de Azar	Frequentes em comunidades do deserto e com a chegada Árabe Islâmica, tais jogos foram convertidos a brincadeiras ou atribuídos um caráter exclusivo de deleite.
Proibida pelo profeta dentro da comunidade (com a dita "evolução" histórica tal traço foi adaptado)	Agiotagem	Desconhecida pelo grupo
Proibida pelo profeta	Ingestão de Álcool	Constante e presente em rituais religiosos. A ingestão de fermentados estimulava o contato com as divindades.
Proibição de ingestão da carne de animais utilizados em sacrifício ou que morreram em combates, rejeição de carne de porco ou sangue.	Restrições alimentares	Não é possível afirmar que não existiam restrições alimentares dentro da cultura dos chamados povos Bantus. Todavia, com o intuito de comparação e apresentação do hiato cultural gastronômico dessas culturas. Ressalta-se o fato das carnes serem em sua totalidade fruto de caça, o sangue ser ingerido sem problemas ou utilizados em rituais religiosos (muitas vezes bebidos em rituais religiosos para demonstração de força e ampliação das capacidades)

Fonte: Elaborado com base em M'BOKOLO, 2009, LOPES, 2006, BÍSSIO, 2011.

As diferenças nos aspectos dogmáticos e práticas religiosas estão claras nas obras de diversos autores ao apresentarem seu ponto de vista sobre o processo islamista e essa respectiva conversão, que culminou por gerar práticas estranhas e diferentes em cada um dos locais conquistados. Porém, não se pretende aqui determo-nos em tal questão, na qual todos são categóricos ao concordar que as diferenças geradas no Islã regional, muitas vezes sincrético e disforme, não enfraquece a religião, uma vez que:

- Aumentam-se os convertidos e isso por si já basta. Tal argumento colocado de maneira abrupta parece bastante impactante. Porém, se pensarmos numericamente, um grupo religioso ganhando de maneira volumosa um contingente expressivo de fiéis seria o bastante se atrelado a esse fator não considerássemos outros crescimentos como o de câmbios comerciais, territórios ocupados e nações com profissão oficial de fé voltadas para um novo fazer cultural.
- "São Islâmicos, e ponto" (DEMANT, 2004, p. 345). A multiplicidade de formas e fazeres muçulmanos percebidos em África entre os séculos VIII e XV fruto de outros tantos modos islamizadores não leva em consideração o sincretismo latente, todavia valoriza a essência da fé em cada um dos novos convertidos. A cobrança pela rigidez dogmática ou purificação das práticas caminha de encontro às gerações futuras.

Em vários casos analisados de expansão religiosa, é impossível afirmar ou delimitar exatamente a unicidade cultural islâmica. O sufismo, corrente para muito além das divisões sunita e xiita, determina um tipo de Islã prático diretamente ligado aos ensinamentos do profeta Maomé. E foi nesse sufismo que os povos diferentes em África encontraram a ligação para a transposição adaptável da religião urbana, agora também do deserto para a sua. Assim, a vertente mais marcante em todos os processos de islamização é contínua expansão vertical, no sentido de mudança cultural, e horizontal pela área de abrangência sempre somativa e nunca recrudescente dos espaços de contato, tudo isso primeiramente pelas práticas mercantis.

> Numa época em que a salvação era uma preocupação mais forte do que a política, o Islã assegurava aos cristãos e aos judeus a liberdade de interpretação teológica e filosófica das Escrituras e a livre escolha das práticas litúrgicas que lhes eram negadas pela Cristandade. Também se respeitavam as regras de cada cultura em relação ao casamento e à herança.

Essas minorias em pouco tempo adotaram o árabe, abandonando a sua língua, muitas vezes de estrutura próxima, como o siríaco, o aramaico e o copta. (BISSIO, 2012, p. 32)

Os pilares (*arkân*) da fé islâmica apontados por Gaarder (2000) têm muito a contribuir no entendimento de um processo de absorção e adaptação por muitos povos. A chegada e o contato dos grupos islâmicos com outros povos muitas vezes se dão pela facilidade adaptativa do discurso, a ausência de dogmas e a rigidez dos códigos de conduta, apropriadas por povos que encontraram na prática muçulmana um lastro para reorganização social.

> Nesse sentido, o Islã não se difere das demais religiões consequentemente a maneira que se expressa e vive depende do contexto sociocultural e político em que se insere. Se por um lado seria incorreto falar de "Islams", no plural, por outro sim convém notar que a maneira como se vive no Islã no norte da África é diferente (...). Dito isso, cada grupo humano o percebe na realidade social, expressando assim sua idiossincrasia local. (TAYLOR, 1994 p. 47, tradução nossa[37]).

São os pilares da fé, segundo Gaarder (2000):

- **Shahâdah, a confissão**, é o primeiro ponto de afirmação da fé. "Atesto que não existe divindade afora Allah e que Mohamed é o Enviado d'Ele". Nesse ponto, é interessante ressaltar que não há uma unicidade no trato para com a tradução do termo Allah (divindade única e indivisível para o muçulmano). Muitas são as comunidades islâmi-

---

[37] En este sentido, el Islam no difiere de las demás religiones y, por consiguiente, la manera em que se expresa y vive depende del contexto socio-cultural y político en que se em marca. Si por una parte sería incorrecto hablar de "Islams", en plural, por otra, sí conviene notar que la manera cómo se vive el Islam en el Norte de África es diferente (...). De hecho, cada grupo humano lo encarna en la realidad social, expresando así su idiosincrasia local (ANTES, 2003, p. 48).

cas pelo mundo a utilizarem outros termos, como Khodã na Indonésia, a utilização do termo Allah para muitos é bastante pertinente, pois não admite plural ressaltando o caráter único e indivisível. Para os crentes Maomé como enviado não é o autor do Corão e sim alguém que ouve a vontade de Deus (ANTES, 2003, p. 48).

Ressalta-se que Maomé ganha uma grande admiração nas primeiras comunidades de contato no continente africano. Para essas comunidades, o profeta é "o homem que conseguiu". Apesar de assumir uma grande importância dentro da expansão islâmica em África, é abominado pelos muçulmanos o termo Maometismo. Tal termo para muitos determina uma religião do profeta e não uma religião que vem de Allah para os fiéis passando por ele.

- **Salãt, a oração.** Não encontra muitos parâmetros dentro do conjunto de outras religiões. A oração neste caso não é algo solto ou descoordenado. Mais um traço do rigor apreendido pelos povos. A oração segue fórmulas fixas e sincronizadas tanto na rigidez do tempo quanto no espaço. Mesmo com a distorção temporal sofrida pelas regras de oração (algumas comunidades oram seis vezes ao dia, outras cinco, outras quatro), pode-se ler no corão que a oração deve ser realizada três vezes ao dia. Tem-se aí um fator de facilitação e ordenamento.

Existe um misto de espanto e fascínio numa figura que abandona suas atividades num horário específico para dedicar-se a fé. Bastando para tanto relembrar um gestual específico, voltar-se para a localidade sagrada e proferir palavras que não exigem capacidade eloquente ou imaginativa. A ablução necessária é tão pertinente e adaptável ao ambiente africano, que é permitida a realização da mesma com areia caso não exista água.

- **Zakāt, imposição de esmola.** Realizada para a sustentação da religião e sustento dos mais pobres (70,25ss; 107,2ss; 92,18ss; 19,13ss). Essa prática foi prontamente absorvida pela elite norte-africana, e por razões óbvias agradou aos demais fiéis, caindo no costume global dos povos norte-africanos.
- **Sawm, jejum no mês do Ramadã.** Muito já foi escrito sobre o jejum e a literatura sobre o mesmo é bastante convergente. Basta ressaltar que no tocante aos povos do deserto se o Ramadã marcado pelo calendário lunar, os dias de jejum iniciam-se ao amanhecer e findam com o pôr do sol, poucas adaptações eram feitas, pois no deserto, o período iluminado é realmente pouco produtivo, sendo aproveitado o período pré-matutino e/ou fim do período vespertino para ingestão de alimentos. O caráter a ser ressaltado aqui é novamente a unicidade e igualdade dos povos e coesão. Jejuam os pobres, ricos, letrados ou não. Todos os inseridos na Umma. Para alguns povos como os Bantu o período que sucede o jejum diário é mais uma oportunidade de congratula-se e fazer festa (ANTES, 2003, p. 57).
- **Peregrinação a Meca.** Realizado por povos árabes ainda antes da estruturação do Islã, a peregrinação à*Caba* na Arábia antiga nunca foi rompida por Maomé. Esse rito para muitos escritores remonta em África muitos aspectos; possibilita o contemplar por diferentes grupos do poder e da estruturação urbana de um Império reforçando o sentimento de pertença, implementa em vários povos uma meta ou um ideário, uma vez que em quaisquer condições ou tempo já havia vividos migração continental é bastante dispendiosa. Reforça o caráter de coesão e realização em vida de um feito concreto em nome da fé.

vi. A Jihad

"E não digais que estão mortos aqueles que sucumbiram pela causa de Alá. Ao contrário, estão vivos, porém vós não percebeis isso"[38]

Rodinson (1993) apresenta que o influxo de Maomé sobre a Jihad foi aplicada de maneira conveniente para muitos líderes, e com efeitos drásticos pelos primeiros seguidores do Corão. No século VII, fora do Oriente Médio, em suas violentas incursões seus soldados inspirados pelas palavras consoladoras do Alcorão expandiram a área do califado tendo como pretexto o dito sexto pilar. Uma vez absorvido o conceito islâmico de Guerra Santa tanto em África, quanto pela Europa e Ásia, a comunidade lançou-se em um novo caminho rumo ao domínio global pela força.

Abre-se, nesse ponto, a oportunidade para a inserção de um sexto elemento, ou sexto pilar estruturante, também fundamental – se não em muitas situações determinante- para a ocupação territorial o *Jihad*, ou traduzida de maneira trôpega, Guerra Santa.

Se muitas vezes este termo recebeu conotações físicas e oportunas fazendo com que muitos milhares, talvez milhões, fossem levados às armas conquistando territórios, aliados ou mesmo, eliminando infiéis, de maneira profunda, o Jihad representou e representa em seu sentido literal a batalha interna cotidiana ou luta interior. Esse esforço extraordinário espiritual mobiliza cada um a sua maneira realizar a seu tempo o exercício de superação.

> Todos os muçulmanos têm que conseguir um extraordinário espírito de sacrifício, até mesmo o de dar sua própria vida. Porém, se uma parte dos muçulmanos se oferece para participar da *Jihād*, a comunidade como um todo será dispensada de sua responsabilidade. Todavia, se ninguém tomar a iniciativa, cada um é individualmente responsável, bem como no momento em que o Estado Islâmico é atacado por não muçulmanos. Nesse caso, todos têm que estar dispostos para o Jihād (ANTES, 2003, p. 65).

---

38   Versículo 154 da segunda sura.

Aqui na continuação do trecho citado um exemplo do ideário de nação em África e demais comunidade de que o sentimento de coesão supera as fronteiras territoriais. Tem-se aí o início de uma confusão conceitual. A *Jihad* é individual e coletiva, apresenta três grupos distintos de envolvimento; os de dentro, como já dito, os de fora, e os pecadores que mesmo fazendo a superação individual não colaboram nas batalhas coletivas.

> (...) Se o país atacado não for suficientemente forte para se defender sozinho, será dever religioso dos países muçulmanos vizinhos ajudá-lo. Todavia, se eles também forem fracos demais, os muçulmanos do mundo inteiro têm que combater contra o inimigo comum. Em todos esses casos, para os muçulmanos em questão, o *Jihãd* é tanto uma obrigação primária e indispensável quanto a oração diária e o jejum. Quem tentar escapar disso é um pecador, ou seja, sua afirmação de que é um muçulmano torna-se duvidosa. (ANTES. 2003, p. 65) (Grifo nosso)

A chegada e absorção do Islã em solo africano também podem ser entendidas como um acontecimento organizacional. Tanto o corão quanto os discursos do profeta sugerem uma rigidez organizacional muito para além do cunho religioso. Isso se fazia necessário dentro de um contexto histórico territorial específico. Assim, cada região africana arabizada recebia, por conseguinte, no bojo da tríplice introjeção do amálgama de novos pensamentos o comércio, a religião e cultura, nesse conjunto não um novo modo de fazer política e se organizar, mas o modo de se constituir estado e integrar-se como povo. É evidente que o fazer político não nasceu com a chegada do Islã. Não seria, pois, o comércio direto uma forma de se estabelecerem também práticas políticas? Todavia, indubitavelmente uma organização e nova configuração estrutural para os grupos sociais africanos tem sua gênese com a chegada do verbo corânico, e ainda que a fé não existisse ou perecesse num determinado momento, a organização e o rigor religioso mantinham sua força e pujança.

> Pelo contrário, a comunidade muçulmana, nascida numa sociedade tribal sem Estado, foi, quase desde a sua origem, mais ou menos forçada pela circunstâncias (...) a organizar-se como um Estado. A comunidade dos crentes era ao mesmo tempo estrutura política, Estado. Quando alguém se tornava muçulmano, aderia, ao mesmo tempo, no mesmo movimento, simultaneamente, a uma religião (din), isto é, a um conjunto de dogmas que se empenhava em professar, com práticas que se empenhava em observar, e a uma organização de tipo político (dawla). Tornava-se, de uma só vez, um crente e um súdito. O chefe da comunidade (o Profeta e seus sucessores, os califas) era o guia que o mulçumano se empenhava em seguir, tanto nas coisas da fé como quando tomava decisões acerca da organização interna da comunidade-nação (*Umma*), das suas relações exteriores, dos problemas de toda ordem que se colocavam aos seus aderentes. (RODINSON, 1993, p. 21)

A religião adotada nesse contexto tem em sua estrutura básica uma importância que tangencia, organiza e beneficia todas as classes sociais. A determinação social e as relações comerciais eram amplamente coordenadas pelos dogmas religiosos. Muito para anteriormente à incorporação de preceitos profundos, a normatização ética e social é assumida pela pregação islâmica. Ainda que a escravização do outro fosse consentida, ao senhor era 'solicitado ou sugerido' que tratasse com justiça seus agregados, em contrapartida, ao servo era sugerido que servisse da melhor maneira possível.

> Os ideólogos de uma sociedade, essencialmente os homens de religião, esforçam-se por fazer entrar no seu sistema de pensamento as regras da atividade econômica. Tal como acontece com o conjunto da vida pessoal e social, dedicam-se a definir os atos bons, maus, recomendáveis, condenáveis ou indiferentes. Recomendam que se pratique esse ou aquele ato de natureza econômica de maneira que lhes pareça conforme ao espírito (ou muito raramente, à letra) da mensagem original. Mas é muito raro pensarem em abolir,

em transformar estar ou aquela instituição econômico-social fundamental que lhes pareça natural. Por exemplo, os ideólogos cristãos e muçulmanos impressionados com a triste situação dos escravos recomendaram aos proprietários de escravos que os tratassem com benevolência, com humanidade, que alforriassem alguns quando pudessem. Assim, poderiam adquirir méritos diante de Deus. Mas nenhum pensava em reclamar a supressão da própria instituição da escravatura. Quando esta foi abolida, foi-o no seguimento da evolução econômica e social da sociedade, que a tornou inútil ou nefasta. (RODINSON, 1993, p. 80)

A ideologia determina, então, uma reorganização de Estados étnicos africanos pré-Estados modernos, nos quais o governante sujeito às pressões dos governados adaptam-se para manterem-se no poder. A erudição africana ao longo dos séculos VIII a XIII apontam estados do norte empenhados em um fazer islâmico ligado às tradições, mesmo que em muitos casos os reinos estivessem separados por particularidades, e em reinos vizinhos práticas destoantes fossem constantemente percebidas, um caráter era latente foram as elites militares e administrativas e sacerdotais as primeiras e introjetar os ritos. Mas foram entre as classes mais insipientes (incipientes) que o mesmo ganhou robustez.

Existe um inconveniente crasso em ser minoria em qualquer situação. Os Estados tomados agora à doutrina islâmica detêm um grande número de pessoas por fatores aqui mencionados, que adotam a fé. Desde então, gesta-se no interior de tais estados uma situação incômoda laica. As decisões, preferências comerciais e vida intelectual estão agora nas mãos de uma maioria hegemônica a qual dissidências não são bem vistas. Imediatamente, percebe-se num estado recém-convertido que a decisão está nas mãos da maioria no qual ou se converte ou não se participa do encaminhamento da história.

Não se trata agora de uma simples absorção religiosa, mas sim de todo um conjunto de mudanças, reordenamento estrutural que partiu da vida num âmbito privado, com a pção de vestimentas e indumentárias religiosas, ao âmbito coletivo com decisões sobre a liberdade alheia e a tributação do outro (não crente).

> Mediante essas práticas fáceis o neófito terá o sentimento de fazer parte não somente do povo eleito de Alá, mas também e, sobretudo da pequena elite local. Porque existe um esnobismo islâmico: o Negro experimenta verdadeiro prazer em vestir as roupas largas dos muçulmanos, em pôr um "fez" ou um "chechia" na cabeça, em se prosternar cinco vezes por dia em direção a Meca, imitando o profeta. Tudo o que é árabe ou muçulmano (...) suscita o mais vivo interesse entre as duas populações nativas. (LOPES, 2006, p. 53)

Estudiosos da questão islâmica africana como Lopes (2006), N'Goma (1950), Bíssio (2012) e outros dividem o fato de o processo de islamização do continente africano ter passado por algumas fases e confluências. Cada uma dessas fases não pode ser entendida isoladamente, nem a percepção de uma significa imediatamente o fim da outra. Cada uma dessas fases apresenta especificidades que suscitariam outros grandes colóquios. Vale ressaltar que tais fases não estão limitadas a territórios africanos nem tampouco fixadas por limites culturais rígidos. Entretanto, suas características territoriais são peculiares.

Determinar os fatores de absorção/expansão possibilita antes de tudo compreender cada mudança de fluxo. Ora, se por um lado uma condição determina a propensão ou facilidade de assentamento, a ausência de qualquer desses fatores determinaria a mudança no ritmo de crescimento.

Dado o conceito de território proposto por Souza (2005), pode-se compreender o instante de absorção do Islã por algumas comunidades e regiões em África. Se o sistema tributário do poder vigente (Árabe Islâmico) isentava os semelhantes do pagamento de impostos, e esse é um dos pontos de ampliação natural do território, logo, quanto mais fiéis uma determinada localidade possuía, menor era a arrecadação para o califado. Assim, qual seria, então, a saída latente para não corroer de maneira vital as finanças do reino? Simples: conquistar novos espaços e novos territórios.

Tem-se nesse ponto uma situação dialética, se por um lado a conversão ainda que sincrética fosse benéfica ao reino, seja pelo número de fiéis, seja pela ampliação espontânea dos mercados, por outro, a mesma enfraquecia o Império forçando-o a crescer de maneira profícua.

Ainda com base na discussão sobre o território proposta por Castro (1996) sobre a diferenciação do conceito de território, propõe-se a seguinte problematização. Se o proposto por Demant (2004), referente ao crescimento contínuo de arabização e também do processo de absorção islâmica, que se dá por etapas, dentro de uma estrutura das rotas precedentes, no qual somente se busca um novo espaço para a integração depois de concluída a plena absorção dos nativos, pode-se então classificar tais espaços como territórios contínuos?

É sabido, porém, que em uma considerável gama dos casos de conversão, a mesma se dava por viabilidade financeira contextual (LOPES, 2006).

4. CONCLUSÃO

Uma pesquisa que se dedica a debruçar-se sobre os séculos de história de colonização de um continente é relevante, sobretudo, ao elucidar etapas não bem esclarecidas de um passado distante.

Toda identidade individual é um pequeno espaço protegido pelas formas corporais e mentais que nos separam do outro para fazer de um mesmo um sujeito autônomo. A partir delas, mediante o jogo das paixões e dos interesses, saímos de nós e estabelecemos inter-relações com os demais.

Nesse sentido, a fronteira é um terceiro elemento entre a diversidade cultural e a unidade da espécie humana. A fronteira é exclusiva, mas também é construtiva. As fronteiras sobem e descem. Hoje, se fecham;amanhã, se abrem. É o jogo de aparente regulação de fluxos que não impede uma crescente inter-relação global. Os territórios expressam as contradições de um mundo que se move entre a hipercomunicação e a fratura profunda. À medida que nos juntamos, o mundo se torna cada vez mais labiríntico. A questão da identidade e, por conseguinte, a questão das fronteiras preocupam desde muito tempo os museus.

Quem se interessa pela África e por seu patrimônio sabe que a divisão territorial não corresponde necessariamente às áreas culturais. Do mesmo modo, em um território nacional, se levantam fronteiras invisíveis, mas muito reais, em forma de bairros, de guetos ou de enclaves. Portanto, o que acontece não é novo, mas sempre o resultado é pertinente.

Não há nenhum tema mais recorrente nos escritos dos idealistas que a supressão das fronteiras. Sua supressão pura e simples, ou o estabelecimento de um federalismo universal que as faria inofensivas. Pessoas que relatam qualquer contato entre sua ideologia e a verdade das coisas querem alcançar a melhor sociedade dos seus sonhos; parece-lhes cômodo taxar de nossos mapas essas linhas arbitrárias, que nem sequer enquadram com as grandes divisões regionais reconhecidas pela geografia física e que, ali onde se assinalam os contatos mais dolorosos, não coincidem quase nunca com linhas de separação natural. Resulta muito tentador afirmar que as fronteiras foram inventadas por homens de Estado e os militares para oprimir os povos. Quem tem uma noção geográfica clara de fronteira não se deixa levar por essas derivações da imaginação e do pensamento especulativo.

Sabe-se que o processo histórico de um determinado lugar pode ser considerado como multifatorial e de fato o é. Percebe-se a dispersão, embora fronteiras novas fossem estabelecidas, identifica-se a dispersão islâmica no continente africano.

A pergunta de partida orientadora desse trabalho é respondida então pela confluência de várias contribuições. Quais os fatores que influenciaram a ocupação islâmica dos territórios ao norte da África, e sua ausência ocupacional na porção ocidental e meridional desse continente?

O arco de nações islâmicas da atualidade, exposto no mapa seguinte, apresenta o contexto atual do fenômeno trabalhado. Ainda hoje, existe uma diferença no volume populacional das áreas de deserto/savana para as áreas de floresta, seja pela diferença nos fatores físicos, seja pela historicidade, características étnicas, econômicas ou belicistas. Assim, para elucidar a questão proposta só é possível se destacarmos esses vários fatores no processo.

Os árabes são um povo que vive já há mais de 4.000 anos na região do Oriente Médio e, em sua maioria, praticantes do Islã. Eles foram responsáveis por progressos da ciência, os quais nos beneficiam atualmente. Esse povo, beneficiado pelo Islã e pela expansão geográfica, no século VII, entra em contato com diversas culturas. Desse modo, ocorre um intercâmbio cultural, possibilitando aos árabes a disseminar e incentivar as transformações científicas(LLOYD, 2011).

No século VII, os árabes promoveram o processo de tradução de textos científicos de outros povos. Essa prática levou a criação da Casa do Conhecimento, que foi o primeiro centro de ciência da época.

No século IX que esse povo experimentou um aprimorar do conhecimento obtido e desenvolveu novas formas de saber. A partir do século X, a ciência árabe tem seu apogeu.

No decorrer dos séculos seguintes, os árabes descobriram várias fontes de conhecimentos, os quais se destacam: a matemática e a álgebra, astronomia, geografia, física, arquitetura e artes e química.

Esse povo se destacou especialmente pela medicina, já que surgiram as primeiras noções de hospital, a partir da reunião de profissionais especializados em tratar os enfermos. Nesse sentido, foram criadas as farmácias, que era um aglomerado de terapeutas e também de farmacopeias que descreviam fármacos tanto na obtenção, uso e aspecto. Esses avanços só foram possíveis devido aos conhecimentos químicos obtidos.

Em consequência disso, patologias como: varíola, asma e alergia foram catalogadas e foi possível encontrar tratamentos específicos para elas. Concomitantemente, os árabes aprenderam anatomia, fisiologia e compreenderam melhor o desenvolvimento do feto durante a gestação. Ocorreu também, a realização de cirurgias e a criação de instrumentos que auxiliavam esse procedimento, em escolas de medicina.

Um dos médicos que se destaca, nesse período, é Ibn Sina que preparou um tratado, denominado de: "Cânone da Medicina". Nesse documento, ele escreveu diversas enfermidades e tratamentos. Essa obra foi importante porque foi difundida no ensino aos profissionais dedicados a medicina, além disso, ele denominou partes do cérebro, cuja nomenclatura ainda é utilizada atualmente. Outro médico importante foi Ibn al-Nafis que descreveu a circulação sanguínea pulmonar.

Na área fármaca destaca-se Ibn al-Baytar que compilou mais de 1300 medicamentos. Na mesma época, Avicenna e Al-Razi foram pioneiros na psicologia e Al-Zahrawi foi precursor da neurocirurgia. Essa gama de conhecimentos originou a neurociência.

Foram esses mesmos árabes que aprimoraram e transmitiram muita sabedoria para os Ocidentais. Esses conhecimentos que transpuseram as barreiras como: fronteiras e idioma e foram incorporados, difundidos e aprimorados pela ciência moderna.

4.1. CRESCIMENTO ESPONTÂNEO

Se se tomarem as outras duas grandes religiões da época prescrita (Cristianismo e Judaísmo) e seus projetos, entenderemos também uma das razões do fluxo islâmico se diferenciando ao longo de sua chegada à vertente oeste. Não havia, portanto, um plano de expansão. Foi a própria rejeição inicial a palavra de Maomé que o colocou em marcha, a resistência de sua comunidade, e depois da sua morte a resistência do próprio Islã o fez crescer horizontalmente. Se como no estabelecido no segundo capítulo, o Islã trouxe organização e estrutura política para o território africano, por outro lado, essa reorganização fragmenta o território onde cada governante convertido (a despeito do objetivo particular da conversão) segue uma orientação, convictos de estarem enraizados nos preceitos. Talvez por isso, a força islamizadora ao chegar à região Bantu/Benin menos organizada e coesa seja forçada a tergiversar.

Sem o intuito de concluir a discussão, mas apontando possíveis caminhos que só funcionaram, a nosso ver, de maneira articulada e combinada, é possível afirmar que a redução do mote expansionista, e mesmo seu redirecionamento, remete a um posicionamento multicausal. Passa-se a elencar, nesse sentido, os múltiplos fatores da redução expansionista.

4.2. FRONTEIRA COMO FATOR DE DETERMINAÇÃO

O expansionismo e as mudanças de fluxo deram-se em larga medida também por fatores físicos (naturais) as fronteiras físicas agora estabelecidas não eram mais um ponto de isolamento e sim um fator de atração. As rotas de expansão do Islã seguem imediatamente a similaridade com *lócus* originário da religião de Alá, e se assim pode-se dizer que a paisagem árida em África permitiu a passagem fluida, quando esse espaço finda as bordas do Sahel, o ímpeto expansionista é arrefecido.

> A procura dos limites naturais não deu resultado porque os limites lineares não existem na natureza, embora em muitos casos o desejo expresso de consegui-los tenha servido de disfarce para atividades expansionistas, principalmente nos lugares em que as características físicas parecem oferecer vantagens estratégicas ou econômicas. (MOODIE, 1975, p. 110)

Em seu estudo sobre o estabelecimento de fronteiras, Bourliére (2009) aponta dois fatores importantes que justificam a criação de parques nas bordas dos países. Um refere-se ao fato de fronteiras entre Estados corresponderem, quase sempre, a barreiras naturais. Cordilheiras, por exemplo, foram fartamente utilizadas para definir limites territoriais entre os países. Montanhas são regiões agrestes e comumente pouco povoadas cujas possibilidades de desenvolvimento agrícola e industrial são mínimas, fato que possibilitou a conservação da vegetação natural e propiciou refúgio para a fauna. Outro fator diz respeito às rivalidades seculares da humanidade. Em áreas de fronteiras, sempre militarmente guardadas, a circulação de pessoas é restrita, reservada tão somente a guarnições militares e postos aduaneiros. A natureza pode, então, desenvolver-se sem grandes ameaças. Nesse caso, afirma Bourlière, os antagonismos humanos serviram à causa da vida selvagem (p. 12).

Para alguns países, uma área natural legalmente protegida, em região de fronteira, pode se tornar um obstáculo para conter a penetração de frentes de colonização e movimentos expansionistas de países vizinhos. Ainda segundo Ferreira (1986), a criação, em 1939, do Parque Nacional Iguazu (com cerca 55.000 hectares), na Província de Misiones, em território Argentino, tenha também relevado esse aspecto, além de proteger as famosas cataratas do Iguaçu e remanescentes da Floresta Atlântica Interior. Para conter a histórica expansão brasileira sobre as terras Platina, a área natural constituía-se num buffer, uma zona de amortecimento ou dissuasão (ANDERSEN, 2005).

A título de exemplificação na fronteira Ruanda-Uganda-Congo, foi criado um complexo de áreas protegidas para abrigar grande variedade da fauna africana, na fronteira entre a Tanzânia e o vizinho Quênia, na base do Kilimanjaro, quatro unidades de conservação interligadas propiciam que mais de um milhão de animais selvagens vivam e se reproduzam em liberdade. Reconhecendo a importância geopolítica dos parques no continente africano, Nelson Mandela lançou mão desse recurso para assegurar não só a segurança de fauna e flora e seu país, como a soberania das áreas fronteiriças de seu país.

Ferreira (1986) entende a fronteira como a "linha de demarcação; local onde se separam dois territórios ou territórios contíguos" (p. 814). A faixa de fronteira é uma zona específica de segurança, situada dentro do território nacional e ao longo das fronteiras a vegetação, ou a variação dela representa um entrave natural contra o avanço de frentes de colonização estrangeiras. Assim, as condicionantes de bioma podem ser não só utilizadas como fator de contenção ou reorientação ocupacional.

4.3. ESTADOS TAMPÃO OU TERRITÓRIOS TAMPÃO

Estados tampão primeiramente são estados limítrofes ou fronteiriços, que por posicionamento estratégico servem para barrar o crescimento de uma atividade, fenômeno ou processo, seja ele político, econômico, migratório, belicista ou tantos outros. De maneira direta, um estado tampão serve para separar duas ideologias rivais e contrastantes.

> A existência dos estados-tampão[39] é a ilustração do valor político da posição territorial. Tais declarações podem ser considerados como espaços entre dois estados rivais e poderosos. Um compensa o outro, e nem se atreve assim para conquistar o estado de buffer. (...) Tipo de zona de redução de impacto por uma separação física entre as suas rivalidades políticas. Aqui, as zonas de proteção por potências vizinhas. (...) A importância política da localização varia de acordo com a política, de natureza evolutiva. Em algumas circunstâncias, territórios inteiros ou partes deles adquirem importância estratégica. Tradução pessoal. (TAYLOR, 1994. p. 24)

Um dos múltiplos fatores analisados nessa pesquisa aponta a seguir a existência de um elemento chave na contenção e limitação do Império islâmico entre os séculos XII e XV. Seria aqui considerado além dos recentes dominados Songai e Mali a nova fronteira vencida, o território Bantu o escopo da nova ocupação e o resistente reino Mossi o território tampão.

---

39 La existencia de los *estados tapón* es la ilustración del valor político de la posición territorial. Tales estados pueden ser considerados como espacios que separan a dos estados rivales y potentes. Uno contrarresta al otro, y ninguno de los dos se atreve de esta forma a conquistar el estado tapón. (...) especie de zona de reducción de impacto por separación física entre sus rivalidades políticas. En este sentido, las zonas tapón por parte de las potencias vecinas. (...) La importancia política de la localización varía con las situaciones políticas, evolutivas por naturaleza. En algunas circunstancias, territorios enteros o porciones de ellos adquieren importancia estratégica.

Tendo resistido por mais de quatro séculos a islamização seja por violentos embates, seja pela resistência à cultural, o reino dos Mossi pode ser incluído na categoria de "tampão", podendo ainda ter propiciado esse arrefecimento no processo expansionista rumo ao Sahel.

Para além do senso comum, entendemos que a necessidade de mão-de-obra no continente americano pode ter influenciado na mudança de fluxo de expansão islamista. Os documentos cartográficos apresentados anteriormente apontam essa sobreposição multifatorial, e as localidades de "recrutamento" dessa mão de obra.

Não seria coincidência que no momento em que a exploração humana naquele espaço seja pela venda de escravos por tribos vitoriosas nos conflitos, seja pela captura europeia, ganhasse força, o movimento rumo a esse espaço tomasse outras direções. A própria captura de escravos, e circulação de notícias sobre a maciça exploração do mercado de mão de obra escrava afugentaria o expansionismo.

Sabe-se que pela historicidade os árabes distanciaram-se dos europeus no que se refere à disputa de espaços. Observando as Cruzadas[40], ponto da história traumático para dois sistemas hegemônicos que determinaram não só as forças de cada grupo religioso, quanto estabeleceram cada foco de atuação para os séculos vindouros dos locais passivos de ocupação e, consequentemente exploração. Os estudiosos referência na apresentação dessa obra, apontam todo o tempo que foram as perdas territoriais em terras europeias, e a limitação pelo Mediterrâneo os fatores responsáveis pelo ganho de importância para os seguidores de Maomé da porção norte da África. Em outras palavras, a derrota e a perda da península ibérica deram impulso ao Islã africano que não só perde em parte seu caráter de entreposto como se ressignifica fortalecendo-se.

---

40   Período de conflitos Islã e Cristianismo que se iniciou no século VII, imediatamente no auge da expansão islamista, exatamente no início de análise a que essa obra se propõe.

A volta dos europeus a região deu-se somente pelo impulso à escravização dada a formação mercantilista do continente americano.

O tráfico de escravos e as notícias de novas investidas da Europa, principalmente na região do golfo de Benin foram fundantes no processo de ocupação da costa Oeste africana.

4.4. ARABIZAÇÃO PRÉVIA COMO LASTRO PARA A OCUPAÇÃO

Nas áreas circundantes ao Golfo de Benin, onde o Islã não se fixou, houve ou não uma pré-arabização? Se houve uma arabização dos povos da savana/floresta essa sem dúvida seria uma razão da infrutífera tentativa de se expandir a marcha islamizante nessa região. Se não houve, e os africanistas, canônicos ou não, não há um consenso sobre isso, a explicação embasada no lastro prévio e determinante para o sucesso da disseminação religiosa, uma das explicações para a perda do ímpeto expansionista está no próprio caráter da religião. Não se está aqui apontando somente o Islã, mas todas as religiões que ao longo da história tornaram-se hegemônicas em quaisquer *locus* de ocupação ou assentamento.

Rodinson (2003) aponta as modificações dentro do Islã medieval que possibilitaram sua reorientação, indica uma insatisfação política ou a política determinante para uma busca da pureza de conceitos.

Aparentemente, esse ponto de arrefecimento sobrepõe-se a sociedade Mossi. Uma vez que, segundo Lopes (2006), foram mais de 200 anos de lutas e resistências para que esse espaço fosse efetivamente ocupado e a barreira territorial transposta. O próprio Islã adaptou-se, tanto que as diferentes correntes culminaram na alta Idade Média em uma revolução interna que buscava a dissociação do poder político e a centralização das questões transcendentes.

> As explicações são sempre as mesmas. Em primeiro lugar, o que se passa é que as justas orientações da doutrina não foram observadas por dirigentes indignos. É necessário, portanto, que eles mudem, sobretudo quando se considera que não foram seguidas as próprias diretivas (...). Todo Islão da idade média está assim revoluções e doutrinas políticas. Formam-se seitas para retificar as orientações seguidas pelo poder, para regressar a verdadeira doutrina das origens, que deve garantir, ela sim, a instauração da verdadeira sociedade muçulmana, a sociedade justa. Movimentos populares ou golpes de estado levam frequentemente ao poder novos dirigentes armados com a doutrina justa que acabará por permitir realizar esse objetivo. Mas o mesmo processo repete-se indefinidamente. A nova sociedade suscita as mesmas insatisfações que a antiga, com as mesmas consequências. (RODINSON, 1993, p. 29)

Tem-se uma situação de causa e efeito. Foram os diferentes grupos insatisfeitos com um Islã excessivamente político e fazendo um movimento de retorno às bases míticas, ou as constantes guerras e tentativas de transpor o eixo Songai – Mossi desgastaram a estrutura política belicista forçando-os a mudar de estratégia? De tudo, a mudança de eixo e o período de embates que precederam a penetração em Mossi são os pontos centrais dessa discussão.

A redução no ritmo de crescimento ou a estagnação momentânea fez-se em áreas as quais sabidamente não houve a arabização. Seria então a arabização prévia tão importante para aquele momento que sem a mesma o Islã se viu impotente para ocupar territórios pouco conhecidos? O fato permanece. Em áreas Bantu não houve uma inserção tão extensa do fator muçulmano de ocupação.

4.5. O DETERMINISMO FÍSICO – A FALÁCIA DA "RELIGIÃO DO DESERTO"

Mesmo sabendo do caráter urbano islâmico e seu rótulo de "a religião do deserto", levando em consideração o lugar original de sua instituição, não se deve atribuir somente ao deserto a área de expansão ou atuação original deste grupo. Quem se compromete com tal reducionismo incorre em sério erro, pois tende a ignorar fatores importantescomo o processo de islamização da Indonésia[41], ou de outros espaços com clima e vegetação muito díspares do *locus* originário islâmico.

> Se por um lado a palavra de Maomé traria unidade às múltiplas nações na costa africana, ao chegarem à região de floresta encontraram na um povo coeso e organizado. A força da cultura Bantu não se sobrepôs ao Islã. Não se trata disso. Para além das forças dos chamados povos da Floresta, os mesmos encontraram um Islã recém-envolvido em múltiplas determinações, em declínio latente de sua população e sua pujança. Era a momento não só o início de uma nova era dentro do Islã africano. (GIORDANI, 1985, p.56)

Por isso, não julgamos correto correlacionar apenas o deserto africano como fator de propulsão do verbo corânico, assim como é também incorreto descartar esse importante tópico na história do expansionismo islâmico. Assim como sugerir de maneira pouco embasada que a floresta\savana foi um fator isolado de contenção. Como apresentado anteriormente, o Islã possui em sua essência capacidade adaptativa, tanto no que tange ao lastro territorial, quanto às facetas culturais e sociais.

Associado os aspectos físicos e vegetacionais, a expansão islâmica encontrou fortes opositores na região do golfo de Benin\norte do Congo. Especialistas na questão apresentam em seus estudos a facilidade de uns em combater em certos terrenos diante da dificuldade de outros.

---

41 A Indonésia é um país de clima tropical com uma média pluviometria superior a 2.700 milímetros de chuvas anuais. *L'Atlas Global* 2014.

Sabe-se, pois, que além das diferenças físicas estruturais as quais os Árabes estavam familiarizados com o decorrer dos séculos (clima árido e semiárido, vegetação escassa, solo arenoso e rochoso), essa era sem dúvida uma grande vantagem na tomada de territórios similares, além do grande número de convertidos empregados na empreitada. Todavia, com o tangenciamento das bordas da região do congo, encontraram os seguidores do profeta grande dificuldade combativa.

Havia no Congo um elemento especial, que era a capacidade de guerrear. Segundo Lambert (2001), no século XVI, a região que se estendia da costa oeste africana tomando toda a parte central do continente, possuía uma população superior a cinco milhões de habitantes, incomparável a qualquer outra porção africana. Sua organização de vassalagem[42] lembrava e muito a Portugal feudal.

A organização do Mani-Congo diferenciava-se da europeia apenas pelo tipo de armas, pelas vestimentas e caráter naval. Ainda segundo Lambert (2001) o período da Renascença foi o responsável pela distinção efetiva, e que até então tudo estava similar e comparável. Também por isso, o antigo Congo era tão temido pela comunidade do entorno.

---

42 Sem querer abusar da analogia, poderíamos apontar para barões, duques, marqueses e cavaleiros. Tinham outros nomes, mas por trás da terminologia africana usada para designar esses estratos, não há dúvida que podemos fazer a leitura de uma hierarquia similar à que encontramos na Europa Medieval (LAMBERT, 2001, p.22).

4.6. O IMPÉRIO MOSSI[43] COMO FATOR DE CONTENÇÃO

A expansão africana muda de fluxo, de ímpeto, mas não muda suas características por completo. A chegada dos europeus modificou fortemente as feições africanas, mas outros povos continuaram recebendo o contato coma palavra de Maomé. Um exemplo disso são os territórios de Mossi.

> Estado fundado no planalto central do moderno Burquina Fasso por uma facção guerreira proveniente do norte da atual República de Gana, liderada por Uedraogo. Nasceu da assimilação de dois reinos locais: Uagadugu, provável remanescente do antigo Gana, e Iatenga, florescido entre os séculos XI e XII. Dois séculos mais tarde, Iatenga, o mais setentrional dos dois, iniciou sua expansão, convertendo-se em Império. Em seu ímpeto expansionista, os exércitos do Mossi saquearam Tumbuctu e atacaram outras cidades, como Ualata, até o século XV. Os contra-ataques vieram principalmente do Sonrai; mas não os conseguiram derrotar nem converter ao Islã. O Islã só penetrou na região no século XIX. (LOPES, 2006, p. 174)

---

43 Uma última fonte escrita a ser citada são as Décadas da Ásia (1552-1553), em que João de Barros fala do povo dos "Moses". O autor português relata a visita de um príncipe wolof (diolof), de nome Bemony, à corte de D. João II, em 1488. Bemoy explicou ao rei de Portugal que o território dos "Moses" se estendia de Tombuctu para o leste, localização coerente , em se tratando dos Mossi setentrionais, com a sugerida pela leitura do Ta'rikh. O poderio do rei dos "Moses" pareceu tão grande a D. João II que ele pensou tratar-se do famoso Preste João, descendente da rainha de Sabá, que está, conforme sabemos, na origem legendária da monarquia etíope. Bemoy contou q havia guerras entre o rei dos "Moses" e Mandi Mansa, "rei dos Manden", e apresentou os costumes dos "Moses" de tal maneira que seus interlocutores se convenceram de que fossem cristãos; tal como os autores do Ta'rikh, João de Barros conclui que, pelo menos, não eram muçulmanos(NIANE, 1988, p. 191).

Com parcimônia, percebe-se uma diferença nas informações apresentadas por Lopes (2006) e alguns cartógrafos ou ao menos entre os documentos cartográficos africanistas. Segundo o relato apresentado pelo pesquisador, sucessões de batalhas não fizeram, ao longo dos séculos, o reino de Sonrai (Songai) converter-se ao Islã. Se essa premissa for tomada como verdadeira, tem-se no mínimo uma grande possibilidade de reafirmação histórica. Os mapas 10 e 11 apresentam essa questão.

> Como os predecessores, Sunni 'Ali foi atraído pela rica região ocidental, pelas cidades nigerianas e pelo delta central de Niger. Conquistou sucessivamente Djenné, parte da região de Macina, onde abateu grande número de Fulbe (Peul ou Fulani), e, o mais importante, Tombuctu (1468). Atacou os tuaregues, rechaçando-os para o Sahel setentrional; no sul, empreendeu várias expedições contra os Dagon, os Mossi e os Bariba. Em 1483, nas cercanias de Djenné, venceu o rei mossi Nasere I, que voltava trazendo rico butin. (CISOKO,1988 p. 209)

Mapa 7 – Limites do Império Songai, séc. XII.

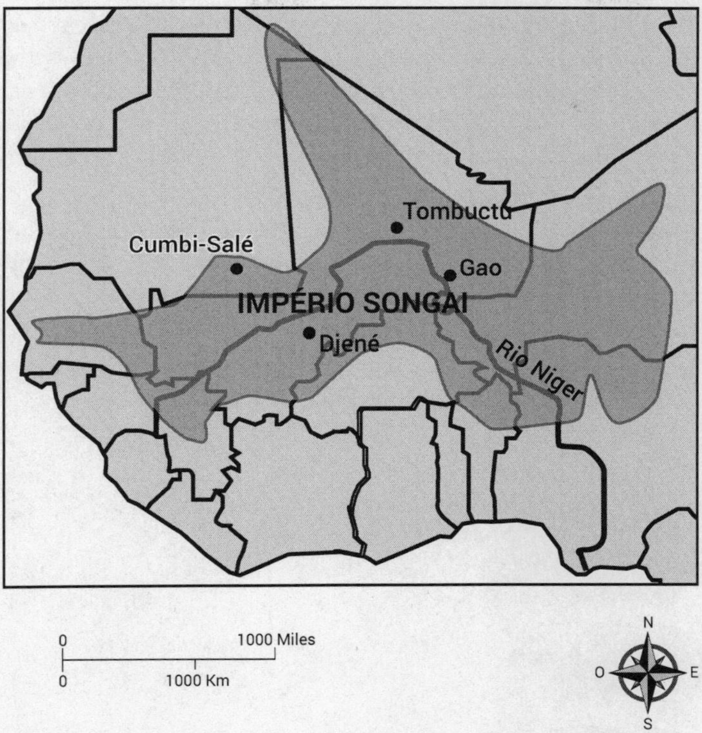

[Mapa mostrando o Império Songai com as cidades de Cumbi-Salé, Tombuctu, Gao, Djené e o Rio Niger]

Fonte: Elaboração própria a partir de M'Bokolo (2009).

Aqui, encontra-se uma das possibilidades de afirmação do contra movimento[44] Islâmico ao menos momentâneo na região. A resistência de Mossi e sua afirmação contra hegemônica muçulmana foi um fator decisivo no redirecionamento de fluxo, afinal, foram mais de dois séculos de batalhas e perdas de ambos os lados.

---

44 Termo utilizado apenas pela dificuldade de descrição de forma mais adequada.

Chamado por muitos especialistas na questão como o Império Mossi dada a pujança de sua força militar, a junção de três grandes reinos (Mali, Songai e Mossi) foram durantes séculos rivais em muitos ideais e parceiros em outros tantos, a questão central para a junção das três potências está principalmente no intento de suprimir o avanço das expedições islamizadoras na região.

Retomamos o mapa da página 56 para reafirmar que a própria dificuldade multifatorial narrada anteriormente é nesse momento explicitada, ocorrendo nas bordas da faixa de transição deserto-floresta, nas quais o reino Songai é a penúltima etapa desta expansão e o Império Mossi, séculos mais tarde é a última resistência.

Mapa 8 – Redefinição dos Impérios Mali, Mossi e Songai, séc. XII.

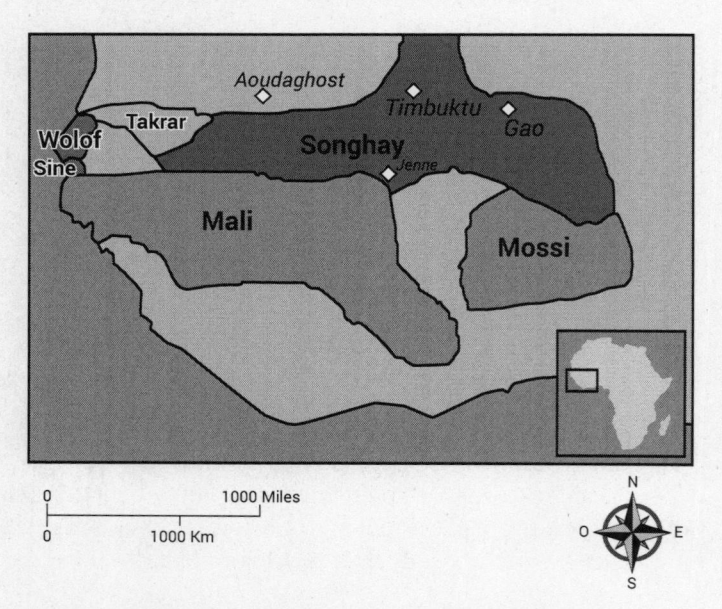

Fonte: Elaboração própria a partir de M'Bokolo (2009).

Mossi foi o último reino a ceder território ao Islã, período que se sobrepõem à chegada dos portugueses a África.

O que foi apresentado reforça o argumento de que o último ponto de resistência antes da chegada dos europeus, o Reino de Mossi, não só determina um marco temporal como determina uma reorganização direcional de um grupo social e religioso.

Nada do que nos chegou permite supor que os Mossi fossem saqueadores mais ou menos sem comando; ao contrário de relatos apócrifos, indica que o reino dos Mossi era extremamente organizado. Talvez estejamos diante de povo ou grupo dotado de forte organização política e militar, uma sociedade de tipo estatal, fundamentada em um extrato territorial e grande sentimento de nação, o que por hora sabe-se apenas é que se situava no interior da curva do Niger, ainda assim tais relatos corroboram com a tese inicial por ser perfeita a identificação cartográfica (KI-ZERBO, 1980, p. 78).

Sabe-se ainda que durante mais de três séculos, uma sociedade militar conquistadora lutou contra os Songai – visando controlar as terras do interior e, depois todo o rio – esse era um sistema de pêndulo fraterno belicista onde ora estavam unidos contra inimigos poderosos, ora estava guerreando entre si o certo é que ambas as sociedade (Songai e Mossi); possuíam um antagonismo político que em aspectos práticos foi reforçado, a partir do reinado de Muhammad I, pelo antagonismo religioso quando Songai fora ocupada pelo poderio islâmico.

4.7. O NOVO CONTATO COM OS PORTUGUESES

Por volta de 1480, inicia-se uma revolução geopolítica na região do golfo de Benin devido à chegada dos portugueses estabelecendo rotas de comércio para o oriente. No Cabo da Boa Esperança, os Portugueses abriram rotas para a exploração de ouro, escravos e pimenta, primeiramente associaram-se aos muçulmanos transformando o Islã ferramenta propulsora de seu comércio intermediário entre o Extremo Oriente e a Europa. Localidades como Malindi e Mombaça, na costa

Africana, tornaram-se postos estratégicos islâmico/portugueses com o intento de retransmitir caminho marítimo para a Índia (ANGOLD, 2002, p.34).

Se, por um lado, o árabe vocacionado ao comércio favoreceu o assentamento do Islã em África, seu contato com os portugueses, e as consequentes trocas, foi importante para o arrefecimento da expansão muçulmana nesse território. Grande parte do desvio de comércio do extremo oriente pelo português provocou o declínio económico e político do Egito no Mar Vermelho, interrompendo uma próspera ligação da África do leste e da região do Chifre com a Europa. O favorecimento disso, claro, foram dos otomanos. Na segunda década do século XVI o Egito foi invadido pelos cristãos tornando a Etiópia até os dias atuais um forte reduto dos cristãos. Na ocasião mesquitas foram saqueadas e todo aquele convertido ao Islã vendido como escravo (CAHEN, 1992, p. 29).

Mapa 12 – Distribuição da População Islâmica Pelo Mundo.
População Islâmica pelo mundo

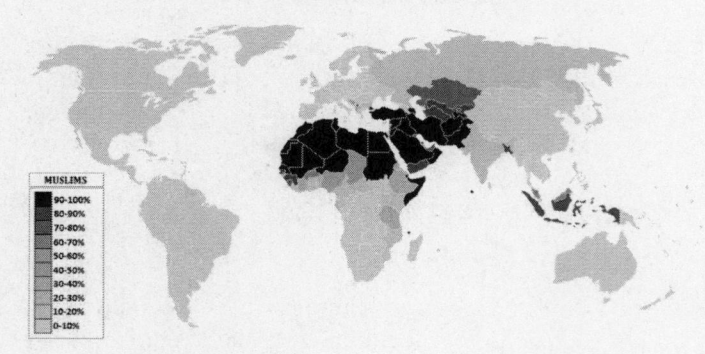

Fonte: ACNUR 2008.

Quanto a esse "arco de nações islâmicas", de acordo com a ACNUR (2008), temos uma clara redução do predomínio no volume populacional muçulmano em direção à área de floresta onde passam a ser minoria. Assim, Etiópia, Quênia, Sudão,

Chade, Níger e Nigéria formam a primeira linha de maioria religiosa muçulmana, com uma população atual superior a 60% de convertidos.

O "poder parador das águas" de Mackinder encontra reflexo nos aspectos físicos do território africano. Isso pode ser uma verdade parcial pois, a religião do deserto encontrou até certo ponto dificuldade de penetração africana em outros biomas. Daí admitimos duas vertentes analíticas;

- a primeira que questiona sobre a expansão islâmica para o leste em áreas de floresta, onde hoje localiza-se a Indonésia. Sem querer promover associações espúrias entre duas tão diferentes formas de islamização, não nos furtamos dessa tentativa de explicação apenas com o intuito de seguir com foco no esclarecimento da questão inicial. O que é possível afirmar é que desde o princípio a ocupação cultural da porção leste, os neófitos de Alá encontraram diferença fitogeográficas entre o ambiente da península Arábica e as úmidas terras do leste.

- a segunda, tão distante da primeira vertente analítica e tão vinculada a ela para a explicação, encontra na facilidade de ocupação de espaços com semelhança de bioma e com prévia arabização. Logo, se do lado leste não se encontrou facilidade desde o princípio. A oeste e sudoeste da península arábica em princípio encontra-se menor dificuldade incipientes para além de três fatores que propiciaram a entrada no continente africano, chegada de grupos étnicos árabes e o sequente câmbio comercial com tribos nômades, tudo isso com uma prévia de mais de treze séculos antes da vinda de Maomé. A semelhança na aridez dos espaços. E por último a facilidade da adaptação cultural.

Feita essa diferenciação entre a ocupação do leste e a africana, reforçamos o caráter da limitação expansionista na região do golfo de Benin como sendo de ordem multifatorial. O globalizante Islã encontra na mudança de perfil vegetacional, não coincidentemente,desafios para continuar expandindo-se e se arrefece. Essa sobreposição redução do ritmo de islamização (na região do Império Mossi) e a mudança na vegetação, pode ser somada ao caráter belicista daquele povo daí também contribui para dar contornos a resposta pretendida.

De maneira direta, existia no período retratado, desde o surgimento do Islã até o início do século XVI, uma estratégia de tripla movimentação para a efetiva tomada de território pelos muçulmanos; a invasão pela espada, em muitos momentos entrelaçamento comercial, sedução das elites, implementação administrativa de cobrança de impostos, escravização dos não convertidos, conversão de classes inferiores da população. Essas duas últimas etapas funcionavam para a conversão de massa onde a viabilidade era latente, sendo muçulmano estava-se protegido pela lei de Alá da escravidão por outro muçulmano além da preservação dos soldos pela não cobrança de impostos.

Para além disso, seria uma tentativa de desembaraçar algo que estaria intrinsecamente amalgamado. Como diferenciar de maneira externa se uma conversão se deu verdadeiramente pela sedução corânica ou por uma estratégia financeira? Pode-se pontuar as localidades onde houveram embates, guerrilhas, ou massacres, mas os pormenores ou desdobramentos só podem ser caracterizados com um afastamento de séculos.

Uma vez apresentadas as diferenças de onde vem, como se deram, e quais foram os fatores determinantes para essa conversão, para esse assentamento cultural, é de fato impossível não permanecer com algumas outras indagações. Quais seriam as perspectivas para esse povo no futuro? Quais seriam os desdobramentos históricos desse assentamento cultural desse processo multifatorial?

Não é coincidência ressaltar que as nações com o predomínio cultural religioso islâmico, também são as nações onde o Islã atuou de maneira mais pungente. À medida que nações com o número menor de fiéis, com um número relativamente menos expressivo em relação à população local apresenta também ou sobrepõem-se também as áreas onde o Islã se fez menos intenso ou arrefeceu-se no momento do Império.

Não foi intento dessa pesquisa traçar os paralelos entre a postura islâmica do tempo vigente nações como Nigéria, Somália, Etiópia e seus episódios mais recentes com o Islã do passado, todavia um novo movimento faz-se presente: a diferença ou a dissociação mudança de fluxo nas atitudes do Islã, nas atividades do Islã, que significava ocupação de novos territórios ao Islã contemporâneo, que visa retomada do antigo território, ou retomado da antiga hegemonia.

Também não foi intento traçar quais são as estratégias ou qual a diferença de estratégia entre o Islã contemporâneo e o Islã Medieval. Porém, permanece a questão: a associação entre poder, religião e violência faz-se presente? É realmente uma marca latente da cultura Islâmica ou de todas as culturas? O traço religioso associado ao político culmina imediatamente no traço de violência e dominação?

O Islã, transformado em um sistema ideológico, se insere num contexto social que se apresenta como uma corrente de valores, ordem, ética, que abrange toda política local. A revitalização do Islã apontada por Bassam Tibi, diz que o Islã surge com o esgotamento das teorias seculares e que providência um novo sistema, um sistema adjunto a periodicidade de expansão do Islã.

> O Islã pugna pelo estabelecimento a escala universal de Deus. Para esse efeito *Agirra* deve permitir suprir os obstáculos que se seguem a propagação do Islã na terra. Esses obstáculos incluem o estado, os sistemas sociais e as tradições que não se conformam com o Islã. Assim a transformação da sociedade *Jarribe*, sociedade pagã na qual os comandos do verdadeiro Deus não são obedecidos é um pré-requisito para o estabelecimento da ordem islâmica (PINTO, 2003, p. 17).

Maria do Céu Pinto (2003) apresenta uma síntese na qual é apontado que o Islã ou os grupos fundamentalistas têm se ampliado nas três últimas décadas com o objetivo de criar um estado teocrático, sociedade convertida aos valores do Islã. Contudo algumas diferenças podem aparecer dentro desses mesmos grupos, na tentativa de tornar efetivo o objetivo de islamização completa ou criação de um Estado.

Alguns especialistas defendem que se deve fazer a diferença entre fundamentalistas e islamistas, os que apregoam a violência para derrubar os atuais regimes em troca de fundamentar uma sociedade islamizada; e os outros que tem um projeto de criação de uma ordem islâmica para criar um procedimento gradual e ordeiro.

O traço comum na obra ou no dizer de Maria do Céu é que ambos desejam a expansão da fé islâmica, os primeiros pela violência e os segundos pela conversão gradual e paulatina.

Existe hoje um novo tipo de Islã sendo praticado em África. Segundo Jean Baptiste Antonini:

> Ao contrário da tendência dos muçulmanos dos tempos antigos, eles não têm planos para introduzir a língua árabe e fazer da civilização árabe a nova sociedade africana islâmica, com o Norte do Sudão a ser a única excepção. Os Africanos mantiveram as suas próprias línguas e identidades. No início do III milénio, a população muçulmana estimada do continente (incluindo o Norte de África) é de 430 milhões, dos quais 241 milhões na África Subsariana. (2013, p. 27)

Excetuando-se alguns povos como os somalis e outras minorias, é mais forte para o tempo futuro a configuração de um Islã mais tolerante e de características mais conciliadoras que a fortificação de um caráter religioso mais radical. De muito do passado, o fazer muçulmano africano mantém o caráter sincrético. A espiritualidade sufi é mantida, todavia com discrepâncias multifatoriais. Fato é que povos historicamente convertidos do deserto como Tunísia e Egito, praticam um Islã diferentes de povos do Sahel ou da África do Sul. Na porção "negra" do continente, Sudão, o Islã possui mais diferenças que semelhanças, mantendo-se vinculado apenas pelas estruturas ritualísticas o Wahabbismo[45].

> Só recentemente o regime 'islâmico" de Omar al-Bashir (no poder desde 1989) fez sérias tentativas para remover influências, crenças e ritos sufis e irmandades religiosas e impor um sistema unificado e um currículo de estudos religiosos ortodoxo para educar os «novos» muçulmanos. (ANTONINI, 2013, p. 27)

Ainda que pela multiplicidade de espaços, e tendo provado que as características físicas podem influenciar no fazer religioso e na tomada dos territórios, nações como a Arábia Saudita apresentam fortemente seu intento de unificação, "para trazer uniformidade e pureza de doutrina e práticas entre os muçulmanos da África e de todo o mundo". Para os sauditas, detentores dos espaços sagrados e receptores de milhares de visitantes todos os anos, o caminho para o conseguir é impor, a todas as formas do Islã, o wahabismo, somente assim, poderia-se conceber um islã único e forte.O dinheiro da exploração de *commodities* é aplicado em programas sociais, tentativa de reduzir as disparidades sociais em muitas nações tudo isso pensado uma forte corrente de pensamento wahabbita. Assim por muitas organizações e instituições, como a Liga Mundial Muçulmana, a Assembleia Mundial da Juventude Muçulmana, a Federação da Associação Muçulmana da Grã-Bretanha e

---

45 O wahabbismo é um movimento religioso que defende fortemente a singularidade e a unicidade de Deus, trata o Alcorão e a Hadith como os únicos textos fundamentais e com autoridade, e rejeita tudo o que não esteja em conformidade com eles. O wahabbismo defende a purga do Islão de "impurezas", como o culto popular dos santos, mesmo da festa muito popular do mulid (o dia do nascimento do profeta Maomé), de santuários e culto de túmulos e outras formas tradicionais, que são vistos como idolatria. (ANTONINI, 2013, p. 39)

Escolas Islâmicas, a Arábia Sauditaprocura-se disseminar aspectos, culturais, doutrinários e costumes identitários muçulmanos. Essa é a tentativa latente de unificação pela promoção do wahabanismo e ampliação da Sharia[46].

Todavia, de imediato a toda tentativa de aglutinação aparecem contra movimentos tão diversos quanto as paisagens africanas. O Quénia, para exemplificar possui sistema muçulmano para resolução de questões de casamento, divórcio, herança e poder paternal. Nações como Somália e Nigéria, aplicam a Sharia para todos os aspectos da vida social. Deixamos de lado neste trabalho as consequências dessa aplicação radical e literal da legislação.

O Islã, que foi a locomotiva da modernidade durante a idade média, hoje, mediante o advento da globalização, e os avanços de novas tecnologias assiste e sofre as pressões da modernidade o terror é somente um dos recursos desse desespero e da falta de caminho. Erroneamente, o mundo confunde Islã e terror, quando nem o fundamentalismo é patrimônio dessa religião, nem a o terrorismo é sua propriedade. Fato é que independente do bioma, o grande volume das nações africanas praticantes da religião do profeta, são conciliadoras e favoráveis a paz.

Diante de todo contexto apreendido tem-se algumas situações a serem analisadas: o mundo islâmico sofre como grande parte do mundo no final do século XIX, início do século XX um processo de intensa colonização europeia, assim o país ou a religião predominante ganha agora um novo adversário: o capitalismo e a exploração mercantil. Vê-se o renascimento ou o ressurgimento do ideário de criação de um único país, de uma única nação ou de um Estado islâmico a partir da fundação ou a partir da independência de estados que eram pobres estados empobrecidos pelo processo de exploração.

Nessas nações, sendo primeiro na Turquia a partir do século XX, começa um levante e uma onda de reorganização e de

---

46   Conjunto de leis Islâmicas.

independência do mundo islâmico, e a partir da Turquia dos anos vinte reorganização e ressurgimento do sentimento e do ideário de islamização.

No Egito, o mesmo movimento se deu a partir dos anos trinta. Percebe-se, então, um oscilar estrutural entre a independência turca europeia, asiática e nos anos trinta a primeira nação o Egito. Essa também é uma das raízes da hostilidade em relação ao ocidente, o processo de colonização. Tantos preconceitos ocidentais em aos muçulmanos em relação ao ocidente coincidem em um ponto: existe efetivamente no mundo árabe uma reserva de antipatia para com os europeus, especialmente para com os americanos, os norte-americanos, como resultado de disputas entre o Oriente Médio, norte da África. A literatura popular nos brinda imensamente com exemplos dessa tentativa.

As rixas perpassam pelas cruzadas e seguem até o longo do século XX. Os islamistas discutem e interpelam os europeus sobre as novas fronteiras e estados-nações artificiais a partir do final da primeira guerra mundial. Dividiram o Império Otomano, dividiram a África e misturaram reinos. Essa animosidade parece o fracionamento de um dos ideários ou de um dos pilares islâmicos, a realização da *Umma*. Une-se a tudo isso o apoio americano e europeu, a política israelense a partir de 1967.Outros tantos são os exemplos, como a fundação do Hamas, a OLP e a falta de apoio na guerra da Bósnia.

Outro golpe duro para a *Umma*, comunidade dos fiéis, foi a invasão iraquiana do Kuwait e a ausência de apoio no mesmo pelas potências norte americanas.

Frase proferida por Osama Bin Laden após o atentado de 11 de setembro de 2001, 80 anos de humilhação resumem a história do mundo muçulmano, pensada e dirigida pelos próprios. Afinal, são 80 anos minimamente de calúnia, humilhações e derrotas sequentes para o mundo ocidental.

Os grandes interesses americanos, estadunidenses capitalistas no Oriente Médio culminam por apresentar uma política dualista, onde o interesse econômico faz com que se mantenha vitimado e o interesse geoestratégico faz com que se mantenha uma política de segregação, separação e de limitação dos aspectos expansionistas. Tudo que resta ao Islâmico é unir-se pela fé. O *status quo* político da maioria das nações é retirado deixando um lastro que une toda comunidade islâmica a *Umma* a fé.

REFERÊNCIAS BIBLIOGRÁFICAS

AGNEW, John. *Geopolítica:* una re-vision de la política mundial. España: Trama Editorial, 2005.

ANDERSEN, S. M. 2005. *Geopolitics and Ecology in Brazil (1964-1985): The Effects of Brazilian Geopolitics on the Natural Environments of Amazonia and the Plata River Basin.* Tese de doutorado. Universidade de Aberdeen, Escócia.

ANDREWS, George Reid. *América Afro Latina 1800-2000.* São Carlos: EduFSCar, 2014.

ANGOLD, Michael. Bizâncio. *A Ponte da Antiguidade para a Idade Média.* Rio de Janeiro: Imago, 2002.

O Islão na África: expansão e sincretismo

ANTONINI, John Baptist. *O Islão na África: expansão e sincretismo.* Lisboa: Além do mar, 2013.

BISSIO, Beatriz. *O mundo falava árabe.* A civilização árabe-islâmica clássica através da obra de Ibn Khaldun e Ibn Battuta. Rio de Janeiro: Civilização Brasileira, 2012.

BOURLIÉRE, F. *Los Parques Nacionales de Frontera.* Documentos da FAO. Disponível em:<www.fao.org/docrep/24755s/24755s06.htm>. Acesso 14/03/2009.

BRANT, Leonardo Nemer C. *O Oriente Médio.* ZAHEDDINE, Danny. LASMAR, Joerge Mascarenhas. TEIXEIRA, Rodrigo Corrêa. Curitiba: Juruá, 2011.

BRAUDEL, Fernand. *Gramática das Civilizações*. São Paulo: Martins Fontes, 1989.

CARDOSO DE OLIVEIRA, Roberto. *Preliminares de uma pesquisa sobre a assimilação dos Terêna*. Revista de Antropologia, v. 5, n. 2, p. 201-204, 1957.

CASTRO, Iná. *Brasil.: Questões atuais da reorganização do território*. Rio de Janeiro: Bertrand Brasil, 1996.

CASTRO, Therezinha de. África Geohistória, Geopolítica e Relações internacionais. Rio de Janeiro: Biblioteca do Exército, 1981.

CAHEN, Claude. *El Islam – Desde los orígenes hasta el comienzo del Imperio otomano*. Madrid: Siglo veintiuno, México/Argentina, España, 1992.

CHAUPRADE, A. *Géopolitique: constantes et changements dans l'histoire*. Paris: Ellipses, 1996.

CISSOKO, Sékéné Mody. *História Geral da África*. São Paulo: Ática, 1988.

COSTA, Ricardo da. *Muçulmanos e Cristãos no diálogo luliano*. In: Anales del Seminario de Historia de la Filosofía (UCM), vol. 19 (2002) p. 67-96.

COSTA, Wandrelei Messias da. *Geografia, Política e Geopolítica*: discursos sobre o território e o poder. São Paulo HUCITEC: Edusp, 1992.

COSTA, Wandrelei Messias da. Etnicidade, eticidade e globalização. Revista Brasileira de Ciências Sociais, v. 32, p. 6-17, 1996

DAL POZ, JOÃO. *A etnia como sistema: contato, fricção e identidade*. Disponível em: <file:///C:/Users/Aluno/Desktop/fric%C3%A7%-C3%B5es%20inter%C3%A9tnicas.pdf>. Acesso em: 10 mar.2015.

DAVIDSON, Basil. *Os Impérios Africanos*. In: História em Revista (1300-1400). A Era da Calamidade. Rio de Janeiro: Abril Livros / Time-Life, 1992, p. 142-165.

DEFARGES, Phillippe Moreau. *Introdução à Geopolítica*. Lisboa: Gradiva, 2003.

DEIGNAN, Alice. *Metamorphorical Expressions and culture*. An Indirect Link. *Metaphor and Symbol*. v.18. n.4. 2003.

DEMANT, Peter. *O mundo muçulmano*. São Paulo: Contexto, 2004.

DELUMEAU, Jean (dir.). *As Grandes Religiões do Mundo*. Lisboa: Editorial Presença, 1997.

DIOP, Cheikh Anta, *Naciones negras y cultura*. Barcelona: Bellaterra, 2012.

DONINI, Pier Giovanni. *O Mundo Islâmico – do século XVI à Actualidade*. Lisboa: Presença, 2008.

DUARTE, Geraldine Rosas. Crise no Mali: as origens do conflito e os entraves para a resolução. *Conjuntura Internacional*, Belo Horizonte, v. 10, n. 1, p.7-14, jan/jun. 2013.

DUBY, Georges. *Atlas Histórico Mundial*. Barcelona: Larousse, 2007.

DURANTI, A. *Linguistic Anthropology*. Cambridge U. Press, 1997.

FAGE, J. D. *História da África*. Lisboa: Edições 70, 1997.

FAGE, J. D, *História de África* – (História narrativa). Lisboa: Edições 70, 2013.

FANON, Frantz. *Os condenados da Terra*. Editora da UFJF, 2002.

FERREIRA, A. B. H. 1988. *Novo dicionário da língua portuguesa*. Nova Fronteira. Rio de Janeiro.

FERRO, Marc. *História das colonizações: das conquistas às independências, séculos XIII a XX*. São Paulo: Companhia das Letras, 1996.

FILORAMO, Giovanni; PRANDI, Carlo. *As Ciências das Religiões*. São Paulo: Paulus, 1999.

G. Mokhtar. *História Geral da África*. Vol. II A África antiga. São Paulo : Ática/Unesco, 1980.

GAARDER, Jostein. *O Livro das Religiões*. Jostein, Gaarde; Hellern, Victor; Notaker, Henry. Tradução: Isa Mara Lando; Revisão Técnica e Apêndice: Flávio Antônio Pierucci. São Paulo: Companhia das Letras, 2000.

GÉRARD, Chaliand, RAGEAU, Jean-Pierre. *Atlas des diásporas*. Paris,Editions Odile Jacob, 1991.

GIORDANI, Mário Curtis. *História da África*. Petrópolis: Editora Vozes, 1985.

GOODENOUGH, F. *Test de inteligência por médio del dibujo de la figura humana*. Buenos Aires: Paidos, 1964.

GOROSTEGUI, Augustin Arteche. *Islam en África Subsahariana*. Cuadernos: Madrid. Marzo/Abril 2009, vol. XXIII, n° 2.

FUMEY, Gilles. GRATALOUP, Christian. *L'Atlas Global*. Paris: Les Arènes, 2014.

GRIFFITHS, Leuan Ll. *The Atlas of African Affairs*. South African: Routledge, 1934.

GARCIA, Francisco Proença. *O Islão na África Subsaariana. Guiné Bissau e Moçambique, uma análise comparativa*. Porto, Africana Studia, Faculdade de Letras Universidade do porto. n.6. 2003.

HALL, Stuart. *A identidade cultural na Pós-Modernidade*. Rio de Janeiro, DP&A Editora, 1997.

HALL, Stuart. *Cultural Identity and Diaspora*. In: RUTHERFORD, Jonathan. Identity. Community. Culture. Difference. London, Lawrence & Wishart, 1990.

HARLEY, E. Gail. *O baú das histórias*. Petrópolis: Autores & Agentes & Associados, 1998.

HRBEK, Ivan. A África no contexto da história mundial. In: EL FASI, M. História geral da África, III: África do século VII ao XI. Brasília: UNESCO, 2010. p. 1-38.

HOCHSCHILD, Adam. *O fantasma do Rei Leopoldo:* uma história de cobiça, terror e heroísmo na África colonial. São Paulo: Companhia das letras, 1999.

HOURANI, Albert. *Uma história dos povos árabes*. São Paulo: Companhia das Letras, 2001.

KANT, Immanuel. A *"paz perpétua" no mundo atual*. Porto Alegre. L&PM, 1989.

KEOHANE, Robert Owen; NYE, Joseph S. *Power and interdependence*. 3ª ed. Nova York: Longman, 2001.

KI-ZERBO, Joseph. *História Geral da África*. Vol. I Metodologia e pré-historia da África. São Paulo: Ática/Unesco, 1980.

KI-ZERBO, Joseph. *História da África Negra I*. Lisboa: Publicações Europa-América.

LACOSTE, Yves. *Geopolítica do Mediterrâneo*. Lisboa, Edições 70, 2008.

LARAIA, R. Cultura: *Um conceito antropológico*. 3ª ed. Rio de Janeiro: Jorge Zahar, 1986.

LEFEBVRE, Henri. *La producion de l'espace*. Paris: Éditions Antropos, 1986.

―――――. *A produção do espaço*. Belo Horizonte. Ed. UFMG, 2004.

LEWIS, Bernard. *Os Árabes na História*. Lisboa: Editorial Estampa, 1990.

LIMA, Joelton Carneiro de. *A questão das fronteiras islâmicas e seus impactos econômicos no território africano*. Conjuntura internacional. V. 11, N. 2 (2014).Disponível em: <http://periodicos.pucminas.br/index.php/conjuntura/article/view/7367>.Acesso em 01 de Dez. 2014.

LLOYD, Christopher. *O que aconteceu na Terra?* Rio de Janeiro: Intrínseca, 2011.

LOPES, Ney. *Bantos, Malês e identidade negra*. Belo Horizonte: Autêntica, 2006.

M'BOKOLO, Elikia. África negra história e civilizações. Tomo I. Salvador: EDUFBA, 2009.

MAALOUF, Amin. As Cruzadas vistas pelos Árabes. São Paulo: Ed. Brasiliense, 1988.

MACKINDER, Halford John. *A Great-Grandson Breaks New Ground in Critical IR Thought*. 1921.

MARGOLIOUTH, D. S. *Islã*. Barcelona-Buenos Ayres: Editorial Labor, 1929.

MARQUES, Leonado A. *História das Religiões e a Dialética do Sagrado*. Madras, 2005.

MELLO, Leonel Itaussu Almeida. *Quem tem medo de Geopolítica*. São Paulo: Hucitec; Edusp, 1999.

MILLE, William C. S. A problem play of the future. *HathiTrust. 1999*.

MOSSOULIÉ, François. *Os conflitos do Oriente Médio*. São Paulo: Editora Ática, 1996.

N'GOMA, Albert. *L'Islamnoir*. *Le Monde Noir*.Paris: Presence Africaine, 8/9, mar. 1950. Número especial.

NIANE, D. T. *História Geral da África*. São Paulo: Ática, 1988.

NYE, Joseph S. *Soft power: The means to success in world politics*. PublicAffairs, 2004.

OLIVEIRA, Roberto Cardoso de. *O trabalho do antropólogo*. Brasília: UNESP, 2006.

OLIVEIRA, Roberto Cardoso de. *A crise do indigenismo*. Brasília: UNESP, 1962.

PINTO, Maria do Céu de Pinho Ferreira. *Infiéis na terra do Islão: Os estados Unidos, O médio Oriente e o Islão*. Coimbra: Dinalivro, 2003.

PORTILLO, Alfredo. *La influencia de la religión en la geopolítica*. Revista Venezolana de Ciencia Política Universidad de Los Andes, Mérida. N° 33. Janeiro – Junho, 2008.

PORTILLO, Alfredo. *Una propuesta de definición de los fenómenos geopolíticos*. Revista Geográfica Venezolana. 42 (2), p. 227-238. 2001.

RAFFESTIN, Claude. *Por uma Geografia do Poder*. São Paulo: Ática, 1993.

RAFFESTIN, Claude. *Pour une géographie du pouvoir*. Paris, Litec, 1980.

RATZEL, Friendrich. *Biographical Memoir and Bibliography*. Cambridge, Cambridge University Press: 1961.

READER, John.África; biografia de um continente. Mem Martins: Publicações Europa-América, 2002.

RODINSON, Maxime. *O Islão político e crença*. Lisboa: Crença e Razão. 1993.

ROSENDAHL, Zeny. *Espaço e Religião: Uma abordagem geográfica*. Rio de Janeiro. Ed. UERJ, 2002.

SAID, Edward. *Orientalismo: O Oriente como invenção do Ocidente*. São Paulo: Companhia das Letras, 2007.

SANGUIN, André-Louis. **Geografia Política**. Paris: Oikos –Tau, 1981.

SANTOS, Boaventura de Sousa. *Para um novo senso comum:* a ciência, o direito e a política na transição paradigmática/Boaventura de Sousa Santos. – 5. Ed. – São Paulo: Cortez, 2005.

SANTOS, Milton. *A natureza do espaço: técnica e tempo, razão e emoção*. São Paulo: Hucitec, 1996.

SANTOS, Patricia Texeira. *Fé, Guerra e Escravidão – Uma história da conquista colonial do Sudão (1881- 1898)*. São Paulo: Fap-Unifesp, 2013.

SARDAR, Ziauddin. *Em que acreditam os Muçulmanos*. Rio de Janeiro: Civilização Brasileira, 2010.

SELLIER, Jean. *Atlas dos povos da África*. Lisboa: Campo da Comunicação, 2004.

SIMIELLI, M. E. R.*Atlas geográfico escolar*. 36. ed. São Paulo: Ática, 2012. v. 1. 48 p.

SMITH, Dan. *O Atlas do Oriente Médio*. SP, PubliFolha, 2008.

SOUZA, Marcelo Lopes de. *Mudar a Cidade*: Uma Introdução Crítica ao Planejamento e à Gestão Urbanos. 3ed. Rio de Janeiro: Bertrand Brasil, 2004.

_____. *O Território: sobre espaço, poder, autonomia e desenvolvimento*. In: CASTRO et al. (orgs.) Geografia conceitos e temas. Rio de Janeiro: Bertrand Brasil, 1995.

TAYLOR, Peter J. *Geografia Politica: economia mundo, estado-nacion y localidad*. España: Trama Editorial, 1994.

VITTE, Carlos. *Contribuições à historia e à epistemologia da Geografia*. Organizador: VITTE, Carlos.Bertrand Brasil. Rio de Janeiro, 2007.

WALLERSTEIN, I. *The modern World System. Capitalist Agriculture and the origins of the European world-economy in the sixtennth century.* Academic Press: New York: Trad. al castellanopor A. Resines: *El moderno sistema mundial I. La agricultura capitalistay los origenes de la economía-mundoeuropea en el siglo XVI*. Siglo Editores: México, 1974.

WANKLYN, Harriet. Friedrich Ratzel, a Biographical Memoir and Bibliography. Cambridge, Cambridge University Press: 1961.

QUEM FALOU O QUÊ?

Techo bônus para os amigos educadores, estudantes e interessados com as principais bibliografias pesquisadas.

O mundo falava árabe da uruguaia naturalizada brasileira, Ana Beatriz Bíssio, tem como tema principal dois autores Ibn Khaldun e Ibn Batuta. Essa importante obra ressalta pela com considerável poder de sínteses a visão do geógrafo, sociólogo, filósofo viajante e historiador Khaldun, um mundo Muçulmano com peculiaridades e posicionamentos de vanguarda. Nesse livro de sete capítulos, tanto Khaldun quanto Batuta evidenciam às características de organização dos fiéis em relação aos pertencentes do grupo e os infiéis (o povo de fora).

Nei Lopes, poeta, músico, professor, e sambista, é estudioso das matrizes africanas na cultura brasileira.Como grande expoente das africanidades, o autor da obra Bantus malês identidade negra, traça a historicidade dos grupos que aqui chegaram e as marcas dessas tangências na sociedade brasileira. Nesse livro, o professor correlaciona aspectos da cultura malês e da cultura Bantu na formação do povo, e da identidade brasileira após a diáspora africana.

Elika M'bokolo é professor na Universidade do Congo. Sua obra foi traduzidapara o português em 2011 contribuindo em muito com as chamadas africanidades. Com sete capítulos, o livro retrata de maneira minuciosa os aspectos referentes a geografia, a história política e geopolítica, de uma África independente. Nos primeiros capítulos o vasto conjunto de mapas apresenta disputas territoriais e guerras locais. As contendas religiosas ficam por conta da segunda parte do livro, onde encontramos detalhadamente a origem da dissolução de reinos a formação de novos estados. Essa Ainda é uma obra repleta de temas de profunda importância, como a migração forçada e tráfico de africanos escravizados.

Peter Demant em seu Mundo muçulmano, aponta a necessidade de compreender essa porção do planeta através da religião do profeta. Demant ilustra o atual mundo muçulmano tema que entrou no cotidiano do público em geral. Nascido em Amsterdã, o judeu Peter é historiador especialista em questões orientais. Seu livro por diferentes recorte sociais possibilita uma vivência diferente dos aspectos do Islã, e os conflitos decorrentes de uma religião tão forte e constantemente em choque com os valores ocidentais.

Joseph Ki-Zerbo apresenta em seu livro um manual de justiça ao continente africano. Sua obra dividida em dois volumes, caracteriza o processo de estruturação real de uma metodologia da história e Pré história dos povos em África. Essa verdadeiramente é uma obra para se ter em casa, e para todos aqueles desejosos de se compreender a História e Pré-história de África.

Professora Maria do Céu Pinto aborda em sua obra as relações de fiéis e infiéis em terras muçulmanas. Em sua obra, a professora caracteriza o islã e suas peculiaridades. A lei islâmica, Sharia, é apresentada de maneira profunda, de modo que se possa compreender a estrutura política de um povo que vivencia de maneira particular o entrelaçamento entre fé e política.

O islã político e a crença é a obra de Maxime Rodison, sociólogo, historiador e linguista francês que dedicou sua vida ao estudo do Orientalismo. Nessa obra o autor apresenta de maneira histórica as origens do entrelaçamento de política e religião em um povo religioso que trata as questões transcendentes com a mesma intensidade que cuida dos aspectos relacionados ao território, recursos naturais e até mobilidade social.

SUPLEMENTO DIDÁTICO

1. Os Pilares (*arkân*) da fé islâmica apontados por Gaarder (2000) tem muito a contribuir com o entendimento de um processo de absorção e adaptação por muitos povos. A chegada, e o contato dos grupos islâmicos com outros povos, muitas vezes se dá pela facilidade adaptativa do discurso, a ausência de dogmas tanto quanto a rigidez dos códigos de conduta são apreendidos por povos que encontraram na prática muçulmana um lastro para reorganização social. **O Islã tem sacerdotes, igrejas, sacramentos, como na igreja católica?**

2. É muito raro pensarem em abolir, em transformar estar ou aquela instituição econômico-social fundamental que lhes pareça natural. Por exemplo, os ideólogos cristãos e mulçumanos impressionados com a triste situação dos escravos recomendaram aos proprietários de escravos que os tratassem com benevolência, com humanidade, que aforriassem alguns quando pudessem. Assim, poderiam adquirir méritos diante de Deus. **Que calendário os muçulmanos usam? O judaico ou o cristão?**

3. Temos nesse ponto uma situação dialética, se por um lado a conversão ainda que sincrética era benéfica ao reino, seja pelo número de fiéis, seja pela ampliação espontânea dos mercados, por outro, a mesma enfraquecia o império forçando-o a crescer de maneira profícua. **Como uma pessoa se converte ao Islã? Há também o batismo ou algum rito de iniciação?**

4. As rixas perpassam pelas cruzadas e seguem até o longo do século XX. Os islamistas discutem e interpelam os europeus sobre as novas fronteiras e estados-nações artificias a partir do final da primeira guerra mundial. Dividiram o império Otomano, dividiram a África e misturaram reinos. **Em matéria religiosa, o que pensam os muçulmanos dos cristãos?**

5. Essa animosidade parece o fracionamento de um dos ideários ou de um dos pilares islâmicos, a realização da Umma. Qual é a lei pela qual é regida o império muçulmano?

6. Os pilares corânicos, pela sua praticidade, facilidade de apreensão e inflexibilidade interpretativa, estavam à mão além de que dava esperanças de vida eterna no céu. Que obrigações tem um muçulmano?

7. O que significa a palavra Islã e quando surgiu o termo?

8. Os muçulmanos são cristãos ou judeus?

9. Em que acreditam os muçulmanos? Eles têm alguma devoção?

10. Por que éfrequentemente visto a cor verde associada ao Islã?

11. O Islã tem alguma escritura sagrada para além do Corão?

12. Por que sempre vemos a associação entre Islã e política?

13. Existem outros elementos que diferenciam o mundo muçulmano do mundo Judaico?

14. O que diz a Igreja Católica a respeito do mundo muçulmano?

15. O que foi a expansão do Islã em solo africano?

16. Em que se baseia a fé do islamismo?

17. Quais as principais ideias do islamismo?

20. Quais são os principais mandamentos do islamismo?

21. Como o islamismo se expandiu pelo mundo?

22. O que foi a Hégira?

23. De acordo com a linha do tempo abaixo, complete os espaços com os principais fenômenos associados à expansão do Islã.

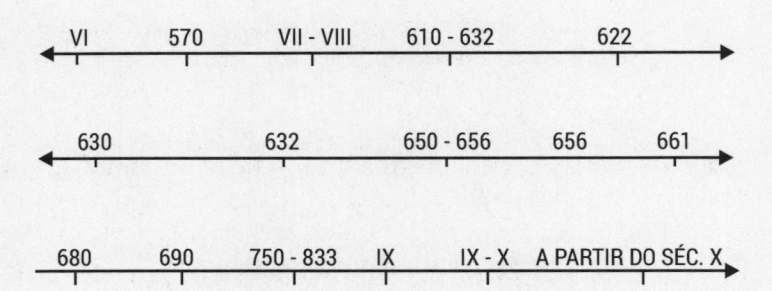

```
◄──┬────┬────────┬─────┬──────────┬─────►
   VI   570    VII-VIII  610-632   622

◄──┬─────────┬──────────┬─────────┬────►
   630      632       650-656   656   661

◄──┬────┬────────┬─────┬──────┬──────────►
   680  690   750-833  IX    IX-X   A PARTIR DO SÉC. X
```

Responda as questões de 24 a 29. Para tanto, observe atentamente o mapa abaixo:

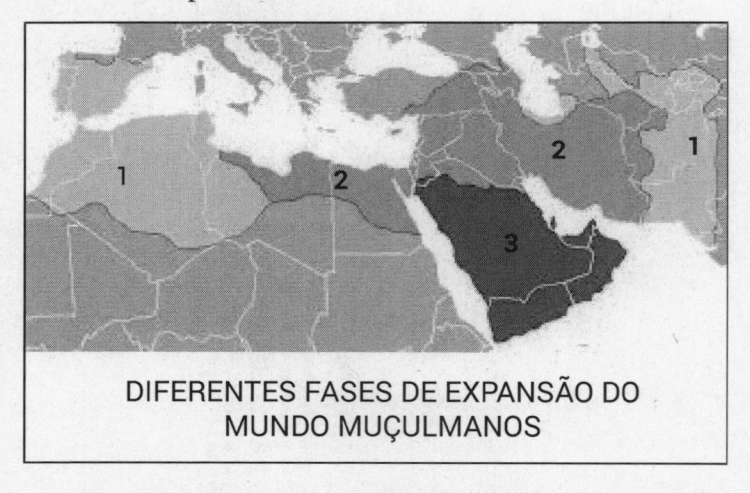

DIFERENTES FASES DE EXPANSÃO DO MUNDO MUÇULMANOS

24. Complete de acordo com o mapa os espaços numerados de 1 a 3 apresentando as principais características da expansão Islâmica.

25. Observando o lado noroeste da expansão islâmica em África, quais as observações pertinentes sobre sua localização e importância estratégica?

26. Quais as semelhanças na imagem entre os pontos 1 (do extremo leste) e o outro a extremo oeste da figura?

27. Qual a ligação entre as áreas numeradas com "2" e a dita Hégira de Maomé?
28. Apesar da proximidade geográfica, quais os fatores limitadores, da ocupação muçulmana nos espaços africanos mais próximos de 3?
29. Existem reflexos ainda hoje da presença Muçulmana nas porções mais setentrionais do continente africano. Apresente 5 características política ou culturais que demonstrem tais traços.

editoraletramento
editoraletramento
grupoletramento

editoraletramento.com.br
company/grupoeditorialletramento
contato@editoraletramento.com.br

casadodireito.com
casadodireitoed
casadodireito

Grupo
Editorial
LETRAMENTO